賢い子は
料理で育つ

―リトルシェフクッキング―

武田昌美
MASAMI TAKEDA

春陽堂書店

はじめに

料理を通じて「失敗は成功の一歩前」を伝えたい

「失敗しても…OK！」これは、私が子どもたちと料理をする上で一番大切にしている約束事です。「失敗」を広辞苑で引くと「やってみたが、うまくいかないこと。しそこなうこと。やりそこない。しくじり」と悲しげな言葉のオンパレード。しかし私は、失敗こそ全ての始まりであり、失敗は成功の一歩前であると心から信じています。どうしてそこまで強く信じているかというと、幼少期からずっと母に「失敗しても気にしない、気にしない。次どうしよっか?」と、どんな悲劇的な状態でも励まされてきたからです。耳にタコができるほど言われ続けた結果、失敗した時、もちろん初めは「やらかした!」と嫌な気分ですが、それでもすぐに「この失敗が必ずいい結果に繋がる鍵になる」と考えることが当たり前になりました。こうした経緯から、「失敗」についてどのように親が子に捉えさせるのか、この解釈の仕方が、その子どもの人生に大きく影響すると考えるようになりました。

亡き父はフランス料理のシェフでした。大学を急に飛び出して、スーツケース一つ持っていまだかつて訪れたこともないフランスに修行に出てしまうような、考えるより先に行動してしまう人でした。父の影

響で、私は幼い頃から料理をしました。大きなピザを作るのが好きでした。なぜなら、大好物のコーンを思う存分入れることができたからです。料理は、家族の時間を作り、幸せな思い出を紡ぎ出してくれると思っています。

ところが、いざ自分が家庭を持った時、子どもとの料理の時間を心待ちにしていたかと言えば実際はそうではありませんでした。むしろ、まだ「子どもにはできない」と勝手に決めつけていました。後にも詳しく書いていますが、娘が2歳の怪獣さんだった時、卵を奪われた出来事が大きな分岐点になりました。子どもにとって、本物の料理は、それはそれは楽しく、目がキラキラ輝やく最高の遊びであると気付かされました。

子どもにとって楽しい料理。よく観察していると、料理から学べることがたくさんあること発見しました。理科や社会や栄養についてももちろんです。そして、子ども達が未来に羽ばたく上で大切な力、つまり人間力を養う上で格好の教材であると確信しました。それからリトルシェフクッキングの構想を始め、子どもが料理を通じて、自信をつけて、挑戦する勇気を養って、失敗も乗り越える強さを得る。これからの人生に備える心を育むことを目的とした幼児教育型の料理教室を設立しました。

料理を始める時、初めはバラバラの材料が混沌と並んでいます。しかし、ゆっくり手順を踏んで一歩ずつ進むと、気づけば目標であった料理を作り上げることができます。料理をすることは、まるで魔法を使うように感じる、と教えてくれた子もいました。私は、料理を通じて子ども達に限りなく広がる自分の可能性を感じてほしい、と強く願っています。

そうは言っても…子どもと料理は、ハードルが高くて中々踏み出せないことも百も承知です。なぜなら、いざ！と意を決して試みたものの具体的な方法が分からず、覚悟はしてはいたけれど、やっぱり大変かも、という現実に直面することもあります。楽しく料理をしたいと思っていたのに、いつしか子どもに怒ってしまった、なんてこともあります。
でも大丈夫です。お互いに一緒にキッチンに立つことが初めてなので、初めからできなくて当たり前。子どもとの料理にはポイントがあります。4000人以上の子ども達に料理を教えながら見えてきた子ども料理のコツを初めにお伝えしたいと思います。

虎の巻の一番初めにくること。つまり何が重要かというと、親の心得です。やるとなったら腹をくくること。これに尽きます。初めはキッチンが汚れます。撒き散らします。「もういや！ 信じられない！」となることもあると思います。でも、そうなるのは初めのうちだけ。必ず上達して、近い将来、楽しく一緒に料理できる日が訪れます。どうか初めの一歩で諦めないでください。そのためにも、やるとなったら、覚悟を決める。こん詰めず、気楽に。完成形の美しさや、SNS映えする写真を取ることは一旦横に置いて、単純に子どもとの料理時間を楽しんでください。これが何よりも大切なことです。

次に大切なことは、子どもにしっかり約束を伝えること。私が子どもに伝えているのはこの2つです。

①失敗は成功の１歩前であること

料理を通じて子どもに一番学んでほしい大切なポイントです。子どもには、失敗してもいいんだよ、失敗こそ、次に成功するために必要なことなんだよ。だから失敗して悲しむのではなく、「よし次はこうやってみよう!」という前向きな姿勢で挑むんだよ、ということを約束します。

②大人のいうことをしっかり聞くこと

料理は危ないこともいっぱい。最後まで料理を楽しく行い無事に「いただきます」を迎えるために、怪我などのアクシデントを避け安全に料理する必要があることを伝えます。そのためのルールとして、料理中は必ず親の言うことを真剣に聞く。これを約束します。

親子間でしっかりと約束を確認し、子どもにも納得してもらえることが、円滑に楽しく料理をするための下準備となります。何度も言ってしまいますが、どうかこん詰めず、気楽に。そして、子どもの才能をぐーんと成長させる料理の底知れぬパワーを実感してみてください。

CONTENTS

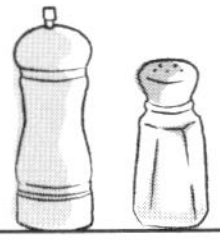

第2章
「料理」で行う学びの種まき
具体的に学べること

第3章
家庭で行う「料理」で学ぶ方法
EduCooking

第4章
EduCookingレシピ

第1章

「料理」で育てる生きる力

失敗は成功の1歩前

「失敗は成功の一歩前」これを当たり前に感じる心の根っこを作る料理

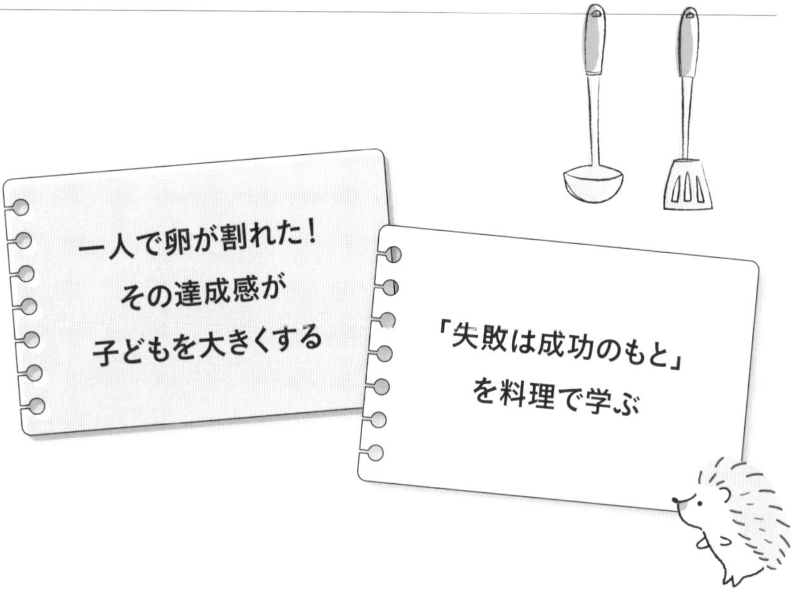

「目標」は結果が着目されると思いますが、私は子どもにそこに至るまでに経験した「失敗」って大切、ということを学んでほしいです。なぜなら、失敗こそ成功へとつながる道しるべだからです。

失敗を怖がる必要ないよ、ということを何百回でも子どもに伝えて、その意味を心の底から理解して欲しい。

実は、小さい頃の失敗ってとっても温かい失敗。なぜって、子どもが失敗しても、すぐそばに慰めてくれる親がいる。思いっきり失敗して、悔しくてって大泣きする…でもパパやママに抱きしめてもらえば、心がキューっ締め付けられながらだんだん悲しい気持ちが消えていく。**子どもは、親の温かさを感じながら、失敗による負の感情を自分自身で心をコントロールできるようになります。**

親はすかさずもう一歩踏み込みます。失敗をしてどんな気持ちだったかな？ 失敗したものから生み出せるものはあるかな？ と紐解きます。そうすると、子どもがハッと自分自身で新しい発見をします。もうここまでやったら、失敗したからこそ得られることが多くて、親としても子どもの失敗を大切にしないなんてもったいなくなります。幼児期の失敗は、温かい逃げ場があり、親と一緒に乗り越える練習ができます。

なので、たくさん「失敗」して、とことん「失敗」に向き合って、頭をフル稼働して「失敗」を活かす方法を探す。**「失敗」ってものすごいチャンスなんです。**

卵割りなんて、失敗を経験して、その悔しさを創造で乗り越える格好の機会。卵割り、玄人リトルシェフでも、小さな手ではたまには失敗します。そんな時、失敗した卵の数に応じてどんどん料理を変えてみてはいかがでしょうか？ 1個の卵を割って目玉焼きを作ろうとしていたけど、ぐちゃっと割れちゃった。

じゃあ今日は2個割って卵丼にしようか。お昼ご飯になるね！ それでもまた失敗。3個目を割ります。そしたら全部使って卵たっぷりのキッシュにしよう。キッシュに冷蔵庫の残り物のお野菜入れてみます。なんと偶然、苦手なほうれん草を発見！ キッシュに入れて焼いてみます。作ってしまった手前、恐る恐る食べてみます。するとどうでしょう！「…ほうれん草、美味しい!!」

そうです。卵割りの失敗を活かした結果、苦手な食材が食べられるようになりました。

1回目で成功していたら、こうなりませんでした。失敗してしまって悔しかったかもしれないけど、それを乗り越えて、失敗を活かす。そして失敗したからこそ出会えた体験をする。

こんな経験を通して、純粋な子どもの心には、「失敗」は悪いことではなく、「失敗」との向き合い方が全てを左右することを肌で感じるのではないでしょうか。

でも、キッシュなんてオシャレなものは面倒だなあ…わかります！ そんな時は、「卵失敗しちゃったけど、そのおかげでたくさん食べられたね！ お腹いっぱいだね。ありがとう」もうこれだけでも十分！

料理って手軽に失敗しやすいし、その失敗を活かしやすい。

大切なことは、料理を通して失敗の大切さを学んでもらうことです。

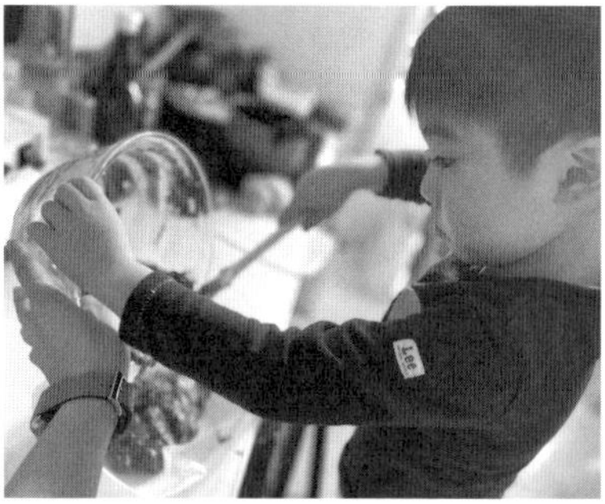

一人で卵が割れた！
その達成感が
子どもを大きくする

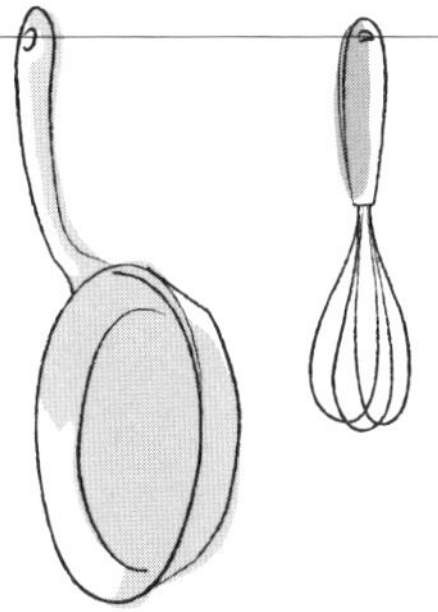

　失敗しても、そこで挫けずに視点を変えて考えれば、前よりもずっと良いものを作り出せるかもしれない。まさに失敗はチャンスなのです。このことを子どもに伝えやすいように私は、「失敗は成功のもと」という言い方はしていません。その代わりいつも**「失敗は成功の一歩前」**と伝えています。

　子どもと料理をする時は、まず「失敗してもいいよ。大丈夫だよ」と、予め子どもに説明してリラックスさせてあげてください。私は冷蔵庫にたくさんある卵のストックを見せて安心させています。レッスンでは準備用にたくさん卵を用意しているので「冷蔵庫にあと33個あります！ みんな何回でも失敗していいよー」と話すと子ども達は大笑い。一気に緊張がほぐれる瞬間です。それに不思議なことにそんなリラックスした空気のもと卵割りに挑戦するとほとんど失敗した子がいません。本当に驚くほど少ないのです。月に2歳から8歳の子ども合わせて120人程が卵をわって、床にこぼれる子は2人いるかいないかぐらい。「失敗してもいいんだ」の気持ちがいかに大切かわかります。

そして失敗した時。この時の対応が結構大切。「ぜーんぜん大丈夫だよ。これからどうしたい？」と笑顔で次の解決策を一緒に考えてください。失敗をプラスに捉えるためにここは大人の腕の見せ所。この大人の落ち着いた温かい態度が重要。とは言えレッスンではこれがうまくできるのですが、家で自分の子ども達相手となると、「どこみてんの!?」と内心イラッとなりますが、ここは最大限の努力で「もう1個割ろうか。」と引き攣った笑顔で声を振り絞ります。

教室で、チーズケーキを作るレッスン時、卵を割り入れる際に半分溢れてしまった子がいました。ベテランリトルシェフだったので彼女は驚いた顔をしながら、今にも泣き出しそう。すかさず「卵、元気一杯で逃げちゃったね！」と声をかけます。第一声はとにかく前述した通り失敗を負の感情として捉えないように安心させることが先決だからです。
「まだボウルに卵が半分残ってるね。これそのまま使う？ それとも新しく割る？」するとその子は「そのまま使う」もう既に自分で割った卵に愛着を持っているんですね。そのまま進めるなら、無くなってしまった卵の代わりに、牛乳を少し足して容量を同じにします。あとはみんなと同じ工程で進めて、オーブンで焼いたら完成。すると、牛乳を足した子は、チーズケーキではなく、チーズプディングになったのです。
「わぁ！ すごい。卵が半分こぼれちゃったけど、それを活かして牛乳を入れたら、新しいレシピが完成したよ！ ◯◯ちゃん特製レシピだ

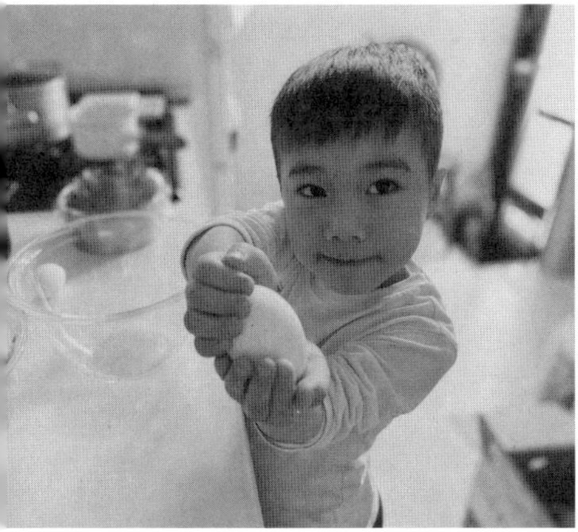

ね!」もうこの瞬間、その子の顔には雲ひとつありません。満面の笑みで得意げに周りに披露しています。

　このような実体験をもって、子どもは「失敗を怖がらなくても良い」という失敗の本質を理解し始めます。そして、失敗はその事実よりも、どう捉えるかが肝心である、ということ。失敗の次の行動が大切であることを、身をもって実感できるのです。

「料理の知識があるから卵がこぼれても他のレシピに変換できたのでは?」という疑問が湧く方もいらっしゃいますよね。確かに高度な転換は料理知識が無くては難しいですが、料理の失敗は色々なことに手軽に変化することができます。例えば先程の卵割りで何回も失敗したら、大きなオムライスを作ればいいし、クッキーの型抜きが上手にできなかったら、丸めるだけだって美味しいクッキーは完成します。丸めたのを縦に二つ重ねたら、型では作れなかった立体の雪だるまクッキーに大変身です。こんな風に親の失敗への前向きな姿勢は、きっと子どもを緊張から解き放ちリラックスさせるのではないでしょうか。失敗と親子の想像力が相まって、その家族だけの大発明誕生！ なんて温かい思い出が、料理によって紡ぎ出されたならば、なんて幸せなことだろう、と感じます。

人生いつだって失敗はつきもの。子どもだって、必ず失敗を経験し、乗り越えなければならない壁がこれから次から次へ出現します。その時、失敗を恐れずに挑戦する勇気を持ち、失敗した時もへこたれずに「失敗しても大丈夫！ ここから次へ繋げるぞ！」という勇敢なマインドを持っていてくれたら…親としても安心です。

私も小さな頃から母に「失敗しても気にしない。これをどう活かす？」と言われて育ちました。この考え方のお陰でどれだけ人生が楽になったか。とても感謝しています。

「失敗を怖がる必要ないよ、失敗したって全—然大丈夫だよ」私はこのことを何百回でも子どもに伝えて、その意味を心の底から理解して欲しいと願っています。

幼児期の学びに欠かせない「聞く力」を料理で養う秘訣

私は、子どもたちの伸ばしたい能力として、「聞く力」を幼少期に養いたいと意識しています。
「よく発言する子」がクローズアップされがちに感じますが、発信力と同じかそれ以上に「聞く力」をつけることは大切です。話している相手に耳を傾けること。興味を持って話を聞けること。それってすごい能力です。

4000人以上の子どもたちと接していれば、子どもの目を見ると一目瞭然です。キラキラした目でこちらをみてくれている子はやっぱりこちらも嬉しくなります。主張することも大切です。でも、人とのコミュニケーションにおいて「人の話を興味深く、面白そうに聞く」力は生涯を通して自分の武器になると思います。

ちょっと世知辛い話ですが、世の中で誰かから引っ張ってもらってうまく物事が運ぶことってよくある話です。

誰がそういう「ラッキー」をつかめるか。それって、相手の話を「うんうん」と楽しそうに聞ける人なんじゃないかなと思います。もちろん自分の意見をしっかる持っている前提ですが。

小学校受験においてもそう思います。

行動観察のテストで「いーれーてー」「いーいーよ」等々塾で完璧に仕込まれたスクリプトを棒読みした言葉よりも、相手の目を見て全力で話を聞く姿勢、やっぱり輝くと思います。

多くの子ども達を私はみているけれど、キラキラした瞳で聞いてくれる子どもはずっと心に残っています。聞いてるふり、は一瞬で見破ることができますし、「聞く力」も意識して訓練を積む必要があると思っています。

「聞く力」は一朝一夕に養える能力ではありません。

前置きが長くなってしまいましたが、私は、この「聞く力」を料理を通じて育てています。その方法として、大人は子どもの前で料理をしません。全て口頭で伝えます。そうすることで、子どもは自ずと「よく聞かないとついていけない！」更に「先生が上手にできるコツを話してる！ よく聞かなくちゃ！」と最大限の注意を払ってこちらをみてくれます。初めは話が聞けなくなかった子どもも、上記を自身で実感することで魔法のように変化します。大人の方も、子どもがどのように説明したら言葉だけで説明ができるのかを考える必要があります。難しい単語は言語道断。2歳児でも直感的に理解し興味を持ってくれる言葉を探します。どんな伝え方が有効かというと、「擬人化」「効果音」「考えさせる」ことです。

擬人化ですが、例えば柔かいバターに溶き卵を一気に加えて混ぜると分離します。これを考えて答えさせるためにこう問いかけます。「ドロドロのバターくんと、サラサラ卵ちゃん。これから混ぜたいんだけど、一気に混ぜたら喧嘩しちゃうの。どうしたらいいのかな?」、「少しずつ仲良くする!」と答えが出てきます。ちゃんと理解すると、みんなそーっとそーっと少しずつ卵を加え、かき混ぜて、また少し加えて、話した通りに実践します。

バターの生地を手で捏ねすぎると手がベトベトになってしまうことも、まずはバターってどうしたら解けるんだっけ? とフライパンのバターを思い出してもらい、バターは熱で溶ける、という性質をインプットした上で説明します。「バターの生地は、ゆっくりコネコネーとしないで、ぐるぐるっパ! 手早くね」と身振り手振りでゆっくりと手早くを比較して見せると笑いながらあっという間に理解してくれます。

レッスン時間は約1時間30分。2歳から8歳の子どもが飽きて席を立つことなく、ものすごい集中力であっという間の時間なのです。これは、子どもが講師の話を理解し、自ら意欲的に集中できている証拠だと思っています。

ゴールは料理上手ではなく、子どもの生きる力を高めること

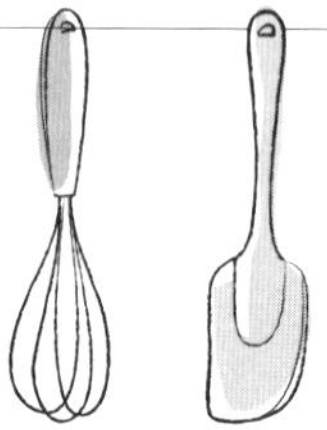

私は、料理で子どもの人間力を育てることを使命としています。

なぜならば人が成長して、夢を叶えるために一番必要なこと。

それは、自分自身への確固たる自信です。

自分はできると、信じる。

そして失敗なんてこれっぽっちも恐れず果敢に挑戦する。

もし失敗したらそこから、新たな一歩を踏み出し、より良い結果に結びるける。

夢を語り、人と比べることなく「私は私」と信念を貫く強さを持つ。

イマジネーション豊かに、自分の世界を限りなく発展させていく。

夢を実現するための仲間をどんどん増やし、一人の夢をみんなの夢に変えるほど、力がある言葉を話す。

私は、将来その子が夢を持ったとき、

「自分にはどうせ無理」と思うのか、
「まずはやってみよう!」
とたとえそれがわずかな可能性しかなかったとしても、夢を諦めずに進んで行くのか。
このあまりにも大きな人生の分かれ道は、幼児期にどれだけ、自分が自分を信じ、大人が自分を信じてくれたかに起因すると考えています。
もちろん、英語も大事、算数も国語も大事。
でも、その能力を開花させるも無駄にするも、その子の自信や挑戦する勇気次第。
私は、

これらの力を人間力として、幼少期に養うべき最も大切なマインドであると信じています。そしてこれらを養うツールとして、料理での実践を広めています。
料理には正解がありません。
スコーンひとつにおいても、子どもの数だけ解答があります。
想像力豊かな子どもに、模範の解答を良しとして、それを逸脱したとき、赤の他人の物差しに照らし合わせて「間違っている、0点」とみなしてしまったらどうなるのでしょうか。

その評価が下された瞬間から、その子のイマジネーション豊かな世界が終わります。

誰が子どもが世界を壊していい権利があるのでしょうか？

子ども数年間、大切に育んで来た彼らの世界、それを尊重しどんどん伸ばしてあげたいと思っています。

子どものイマジネーションの力は壮大です。大人では到底かなわない素晴らしい能力です。

私は、料理を通じて、子ども自身から発せられる「私これできると思う」という気持ちを心から信じ、なんでも失敗を恐れず挑戦できる環境を料理で作っていきたいです。

「生きる力」を備えた子どもたちになるために必要な6つの能力

自信

物事を成し遂げるために最も重要なこと。それは自分自身への自信。しかも、なんかできる気がする！という根拠のない自信。これがあるかないかで人生は大きく左右されると言ってもいいくらいです。

では、料理で自信を養うとはどういうことでしょうか？

子どもたちは、大人から信頼して料理を任せてもらい、一生懸命作って、完成して、試食する。それを大人にも食べてもらって感謝される。味は…世界で一番おいしい！

子どもは、試行錯誤しながらひとりで料理を完成させることで、「自分もひとりで料理ができる」と自信がつきます。そして「おいしい」と誰かに食べてもらうことで、その自信が「頑張れば何でもできる」という確信に変わると実感しています。

例えば敬老の日。子どもたち、思い思いにおじいちゃんおばあちゃんにクッキーを作ります。卵を割って、混ぜて、生地をまとめて、型で抜いて、最後にアイシングです。ステップが多く一見難しそうですが、

一つ一つ段階を踏んで丁寧に行えば、みんなひとりで素敵なクッキーを作り上げます。そのクッキーをプレゼントしたところ、大好きなおばあちゃんが「おいしいよ。ありがとう。」と何度も涙ぐみながら言ってくれたそうです。その時の子どもの気持ち、きっと最高に誇らしかったことでしょう。このような幸せな経験を経て、子どもは自分自身にどんどん自信をつけていきます。「僕ってすごい！」って。

私は、子どもの可能性を心から信じています。将来の夢…宇宙飛行士、お医者さん、ケーキ屋さん、希望に満ちています。しかし大人になると、いろんな知識が邪魔して自分で可能性を狭めてしまうことがあります。

でも、子どもたちには、「自分は頑張れば何でもできる」という確固たる自信を持って成長して欲しいと願っています。

その自信、ぜひ身近な料理で養ってみてください。子どもにとって、料理は最高の成功体験の場です。

失敗から学ぶ

失敗もたくさんしてもらいます。卵割りから始まって、ベトベト手についた生地、不思議な形のマフィン。料理の素晴らしいところは、どんなに大失敗な見た目でもも、材料が同じなら基本的に味は一緒だし、何よりお腹に入っちゃえばもうおしまい。ご馳走様の笑顔でめでたしめでたしと終わるところです。

教室では、いつも初めの約束として「失敗してもOK。だって失敗は成功の1歩前だからね。」と毎回確認しているのですが、初めて参加する子どもには、この合言葉に心底驚き親の顔を覗き込む子もいます。私が失敗しても…？ と聞くと「OK」と元気よく答る子がいる一方で、「絶対だめ」という子もいます。

どうして失敗してもOKを子ども達にまず腹落ちして欲しいかというと、その安心したリラックス状態が最大限のパフォーマンスを発揮できるからです。

脳波に関わる開発を行う（株）ニューロスカイ社と子どもの非認知能力に関する共同研究をやっております。その時に伺った脳波によって明らかになった米国アーチェリー選手のお話を紹介したいと思います。全米1位と4位の選手の脳波を調べると、両者とも集中（緊張）の脳波がマックスなのは共通しているのですが、この王者と4位の差はなんとリラックス度でした。1位の選手はリラックスの脳波が集中の脳波と同様に最高値であったのに対して4位の選手はリラックス度ゼロ。更に興味深い

ことに2人の体力的、技術的な実力は同程度ということなのです。つまり、物事を行う上で、リラックスして行うことがパフォーマンス発揮において重要であることを教えていただきました。

料理をしている時の子どもの脳波を計測すると、この「失敗してもOK」の環境下で実施しているので、子どもは集中とリラックスが高い状態で料理を楽しんでいました。

「失敗してもいい環境」は、子どもの成長に大変重要なのです。

挑戦する勇気

料理は見た目が大事！と言いますが、子ども料理の場合、まずは子どもの気持ちを一番大切にしています。小さな手で一生懸命に作った料理。決して料理の出来栄えで判断せずに、頑張って作ったその姿をたくさん褒めてあげて下さい。

料理教室のレシピに「子ども手打ちうどん」があります。力いっぱい生地をこねたら、次はビニール袋に入れて踏み踏み。最後に麺棒で伸ばし、スケッパーで（子どもなりに）細く切っていきます。この作業、全部が子どもたちのツボ。教室中に子どものキャッキャと喜ぶ声が響きます。特に、コシを出す為に、生地を踏む作業の時に、うどんの上で踊り出してしまう子もいるほど！

そうして苦労して出来上がったうどんは、基本的にふとーいうどん。それもそのはず、麺棒なんて存在は知っていたけど使ったことがない子も大勢います。スケッパーときたら、初めましての道具という子も。

当然、使いこなすことなんて無理なのです。

うどんは、太くても美味しく食べられるような工夫をしていますが、子どもからすると自分が思い描いていたいつものうどんと何だか様子が違うので、「アレっ!?」とちょっと不安そうに表情が曇ります。そんな時は、すかさずお親御さんが「頑張って作ったうどん美味しいね! コシがある!」と褒めます。もう褒めまくります。するとその瞬間に子どもの顔がパッと明るくなって、すぐに弾けんばかりの笑顔になります。「一生懸命作る」という頑張り自体を褒めてもらうことで、「次もまたチャレンジしてみよう!」という前向きな気持ちが芽生えるのです。

目標に向かって挑戦する姿を大切にする、結果よりもプロセスを重視することで、子どもは何事も恐れることなく新しいことにチャレンジする勇気を得ることが出来るのではないでしょうか。

私は、料理を通じて、「結果を怖がらずに挑戦する」という精神を培うことが出来ると信じています。

他と比べない強さ

生まれたばかりの我が子を見て、当時はただ「健やかに育ってほしい」…ただそればかり願う日々でした。そんな心配をよそにすっかり大きくなると、不思議なことにあれやこれやと親の願望が湧き出ます。「もう年長さん、お友達は鉄棒ができるようになったって。うちも練習しなくちゃ」「九九の先取りしなくちゃ」など…書き出したらキリがないほど出てきます。

でもこれってなんかおかしいんですよね。初めは元気が一番、もうそれだけでよかったのに、成長するにつれて周りと我が子を比べて安心したり焦ったり。そしてどんどんそのハードルが上がって行く。お友達がオムツが外れたからうちも早くトイトレしなきゃ、くらいだったのが、志望校を比較しちゃったりなんてどうにかしなくては！子どもの気持ちを置いてきぼりにして、大人があれもこれも期待しまくってしまいます。

敏感な子どもは、きっとすぐにその親の思いに気づくでしょう。お友達が鉄棒できるから、私もできるようにならなきゃ。お友達がひらがな書けるから、私も練習しなきゃ。でも小さな頃から、こんな風に誰かを基準にした頑張り方、それって子どもにとって良いのでしょうか？もちろん、人間社会において、協調性や同感する心は大切です。ライバル心だって能力を成長させてくれます。でも、「私は私。これでいい」と自分で自分の考えを認めて、それを貫く強さも兼ね備えてほしいと願っています。親も同様です。「この子はこの子の物差しでできた世界を生きている」ことをしっかりと認識しなくてはいけないといつも自分を戒めています。

親も子どもも、人と比べない強い心を養っていきたいと思っています。

この漠然とした話を子どもに理解してもらうには、スコーン作りが楽しく学べるのです。

なぜかというと子どもたちにとっては、「スコーン？ なにそれ？」です。固定概念ゼロの状態からスタートです。「そして、生地を伸ばしてスケッパーで切ってごらん」というと、大人が想像もしないスコーンが出来上がります。とにかく、普通の四角のスコーンがほとんどない！ 笑 長ほそーいスコーン、ハートのスコーン、ドーナツ型のスコーン…子どもには、スコーンとはこういうもの、という解がありません。よって一人一人頭の中で目指している形が違うのです。でもゴールは皆一様に「スコーン」。焼きあがったスコーンは、みんな違うけどみんな正解です。これが料理の素晴らしいところ。全部が正解なのです。だから、できたできないを他人と比較しません。比較する必要がないのです。これは子どもだけではなく、私たち親も同じです。

子ども達は、お互いのスコーンを見て素敵だね！ と言い合う姿が見られます。でも一番多い声は、「先生見て！ 私のスコーンはハートなの!! 可愛いでしょ!」というように、「自分のスコーンが一番センス良い!」と子ども達自身が思っているところ。「お友達のも良いね、でもね、私のは世界で一番!」この人と点数を比較するのではなく、自分が自分自

身に納得する。こういうのって中々難しいんですよね。

だから小さい頃からの心構えが大切になります。一緒に作る時は、子どもの意思を尊重することを第一にしてあげてください。どんな形のスコーンになっても正解です。ついつい、こうした方がもっと…という思いが出てきますが、食べてしまえば皆一緒。だったら子どもの意思を尊重することに徹して欲しいと思います。見栄えより作っている工程が大事。子どもの奇抜な発想を楽しみに、「それ良いね！ 大人には思いつかない素敵なスコーン！」とたくさん褒めてあげてくださいね。

創造力

料理をいきなり作り始めるのではなく、どんなゴールに向かっていく？ というように、子ども達自身にゴール設定を行い、具体的なイメージを持ってはじめるレッスンがあります。そもそも料理は、「これを作る」という確固たる目的が明確なので、子どもにもゴールを見据えた行動がしやすいと思っています。

そこにクリエイティブさを掛け合わせ、子ども独自のイマジネーションをクリエイトしていく作業は子どもにとって最高の時間であると感じています。

ケーキやパンでは、子どもの想像力と創造力を養うカリキュラムをよく作ります。はじめにどんな形や模様にしようか設計図を想像してもらい絵に描きます。そして実際にケーキやパンでそれを創造していくのです。

この時子ども達への課題はただ一つ「自由に」。たったこれだけ。これが難なく水を得た魚のようにすらすら描く子もいるし、全く筆が進まなくなってしまう子もいます。「自由に好きなものを」という課題、たった数年のうちにここまで差が出てしまうのか、と驚きます。

ケーキを作るとき、ある男の子が真剣に完成図を描いています。講師が「何描いているの?」と尋ねると「トーマス!」そしてその完成図をもとにケーキを見事にトーマスに仕上げました。

そのトーマスがこちらです。本当に見事な想像力。そしてそれに基づく創造力。
子どもの豊かなイマジネーションを駆使して自らの力でクリエイティブな作品を産み出し、傑作が誕生しました。

対話力

起業して感じることは、人と人とのつながりが本当に、本当に大切だということ。お仕事は人と人との共同作業。人と出会い、話し、共感しあうことの重要さを改めて実感し、感謝するばかりです。そして国語、算数、理科、社会…学校で習ったことも大事だけど、実社会で生活していくうえで何が一番大事って、やっぱりコミュニケーション能力だな、とつくづく思うのです。社会で楽しく生活すること、その人のコミュニケーション能力にかかっていると言っても過言ではないと思います。

どんなに素晴らしい意見も、横柄な言い方で角が立っては内容なんて人の心に響かない。ありがとうもごめんねも、全ては言い方や雰囲気次第。物は言いようと言いますが、社会において言葉の持つ力をまじまじと実感しています。
リトルシェフクッキングでは2歳から8歳の年齢ごちゃ混ぜ状態でレッスンをしています。理由として、そうすることで、子ども達の間に自然と会話が生まれるからです。お姉さんは小さい子に声をかけて、わからないところを教えてあげる。初めての子には手洗い場などを案内してあげる。そうして上の子に優しくしてもらった子は、しばらくすると自分より小さな初めて来た子に同じように優しくお世話をしてあげる。優しく小さな子の目線に立って説明してあげる。小さい子は目をキラキラ輝かせてありがとう、とお礼をする。こんなことは日常茶飯事です。

更にレッスンでは、子どもたちがわいわい意見を言い合う環境も大切にしています。だって失敗してもOKだから。「どう思う?」の問い掛けにあれやこれや意見を出し合ってくれます。

一緒に作って、食べて、美味しいねって言い合って。

初めましてのお友達とも、お隣で料理をしているうちに自然と仲良くなっちゃう。料理の持つパワーは、よくビジネスのオリエンテーションや研修でも使用されていることですね。

お友達がおうちに来た時、家族全員で、兄弟と一緒に、みんなで料理をすることで素敵なコミュニケーションの時間を過ごして欲しいと思っています。

第2章

「料理」で行う学びの種まき

具体的に学べること

18
Colors
Mini
Colored
Pencils

理　科

子どもは2歳頃から「何で？ どうして？ これなぁに？」と何でも興味津々のなぜなぜ星人へと進化します。

はじめは、「あれはね、雲っていうもので……いろんな形に見えるね」なんて優しく応えていても、50回目くらいから「だからっ！ 雲は雲！」と若干投げやり感が出てきてしまい、後で自分の切り返しの悪さに反省してみたり（笑）。

この子どもの「なぜ？」に対して、「これはこうだよ」と説明してもなかなか覚えてくれないけれど、実際に子ども自身で答えを導き出す努力をしたものについては、あっという間に覚えてくれます。

目の前にあるハテナに気付き、それについて考えてみる。きっとその経験は、大きくなってからもずっと彼らの「学び」のスタイルの原点となるのではないでしょうか。

好奇心を持って世界を見渡し、不思議のアンテナを感度高く立てて、その不思議に焦点を当ててみること。それは、子どもたちの未来、来たるAI時代を生きる上で、AIに勝る大切な人間ならではのスキルとなるはずです。料理には不思議がいっぱい詰まっています。

砂糖が溶けるのはなぜ

子どもにとって、本物の食材はそれ自体ワクワクするものです。今までおままごとでやっていたことが、目の前に本物の食材や調味料が現れて、しかもそれを自分で扱っていい！ 初めて料理をする時の子どもの喜んだ瞳は本当に素敵です。本物を扱うから、おもちゃでは味わえない物事の真実も理解できます。料理は理科や化学の宝庫。砂糖ひとつとっても、小学校で習う「水溶液」の学びの種まきになります。

まずは砂糖を加える前に「砂糖はどんな形をしているかな？」と質問して砂糖の色や形を発見してもらいます。「キラキラしていて白や茶色い色をしているね。では、この砂糖を混ぜた卵に入れたらどうなるかな？」ベテランリトルシェフ達は、「溶けるー！」と即答ですが、初めての子はもちろん何のこっちゃ検討もつきません。白いキラキラがどうなるかなんて考えてみたこともなかったからです。では実際に卵に加えていきます。泡立て器で混ぜると、初めはジャリジャリとした感触が腕をつたってきます。でもだんだん混ぜているうちに…じゃりじゃりが無くなった！ お砂糖消えちゃったの？ と不思議そうなので、種明かしです。「初めはザラザラしているけど、砂糖は水のようなさらさらしているものの中に入ると溶けちゃうんだよ。無くなったって思う人は、ケーキが甘いかどうかで砂糖がちゃーんと残っているかわかるね」

こうして、子ども達は、「物質が水に溶ける」という事実を肌で実感します。子どもがこの発見をするためには、やっぱり砂糖を扱わないと中々難しいもの。なんとなく、このことを知った状態で、来る小学校高学年で出会う砂糖の実験、「これってあの時の!」といつか答え合わせをしてくれる日を楽しみに、学びの種まきをしています。

ベーキングパウダーの秘密

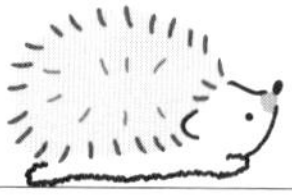

娘のお友達が家に遊びにてくれた時、食材の色が変わる実験クッキングをしました。その名も、「魔法のパンケーキ」！ おいしいだけじゃない不思議なこのパンケーキ、ぜひお試しください。

このパンケーキは作る時から一味違います。

まずは生地に、ブルーベリージャムを入れます。すると最初はそのまま紫色なのに、すぐに緑色に変化します！ まずはここで子どもたちは、ひと騒ぎ。

今度は生地を焼きながら、横でレモンシロップも作ります。そして出来上がったパンケーキにレモンシロップをかけます。身を寄せ合ってドキドキ眺めている様子がまた可愛い。すると緑色のパンケーキの色がだんだんピンク色に変わっていくではありませんか！ みんなその変化に、また大喜び。

料理には不思議がいっぱい詰まっています。好奇心旺盛な子どもにとっては、野菜の断面だって面白い。小麦粉ってなんで生じゃ食べちゃいけないの？ この卵はどの動物の卵？ 魚ってどこにいるの？……ハテナがたくさんあるワクワクした世界なのです。

この子どもの持つ不思議を察知する能力、活かすも衰退させるも大人の関わり方次第。「どうしてだろうね、一緒に考えてみよう」。まずはすぐに答えを出さずに、子どもと一緒に考えてみてください。子どもの発想の豊かさに感心するはずです。

ところで、先ほどのパンケーキ。最後に、子どもたちへ色が変わる理由について種明かしをしました。呈色反応の仕組み(※)や、アルカリ性とか酸性について、できる限り噛み砕いて説明をしてみましたが、一様にハテナ顔でポカンとしていました（笑）。

そりゃそーだ！ やっぱりまだ酸化については難しいね。でもね、きっとこの答えは小学生になった時に解決するよ！ その時は、この魔法のパンケーキのことをちょっとだけ思い出してね。

※（ある元素・イオン・化合物が特定の試薬に対して発色・変色する化学反応のこと。発色反応。）

野菜や果物の断面

好奇心旺盛な子どもにとって、野菜ってどこをとっても不思議でいっぱいです。私たち大人にとっては、当たり前のことでも、子どもの目線では全てが世紀の大発見。まして半分に切った野菜の形はどれもこれも面白い形。わくわくした目で眺めます。野菜の不思議に直面した時、この絶好の機会を見逃さずに、学びのチャンスとして活かしてみてはいかがでしょうか？

料理教室では、季節の野菜の捨てる部分を活用して野菜スタンプを作ります。夏はオクラスタンプをしました。

オクラのヘタの部分にインクをつけてポンポンと模様を描きます。

まず最初にオクラをみせます。

「これなーんだ?」子どもたち、「これはオクラだよ」と答えてくれます。

そこで「今日はこれのヘタの部分を使ってスタンプを作ってお絵描きするよ!」と言うと、みんなオクラでスタンプ？ と頭の中がハテナです。「切ったらどんな形になっているかな?」と更に問いかけると、もう子どもの頭の中は好奇心でいっぱいです。目の前でオクラを包丁で切ってみます。大げさに「ジャーン!!」と断面を見せると、一斉に「おほしさまー!!」と新しい発見に目を輝かせて大喜びです。「オクラが星の形なんて信じられない！ オクラって可愛いんだね!」オクラのヘタでさえも、想像力豊かな子どもの手にかかれば、素敵な星スタンプとなり素晴らしい作品ができあがります。

野菜をまっぷたつにすると摩訶不思議な形や色です。子どもは疑問でいっぱい。緑のキュウリの中ってどうして薄い緑なの？ ツルツルなトマトの中がぐちゃってなってるのは何で？ 真っさらな純粋な心は知りたい欲求で溢れます。これこそ学びの出発点ではないでしょうか。

野菜を見ながら、この中身はどんな風になっているのかな？ と親子

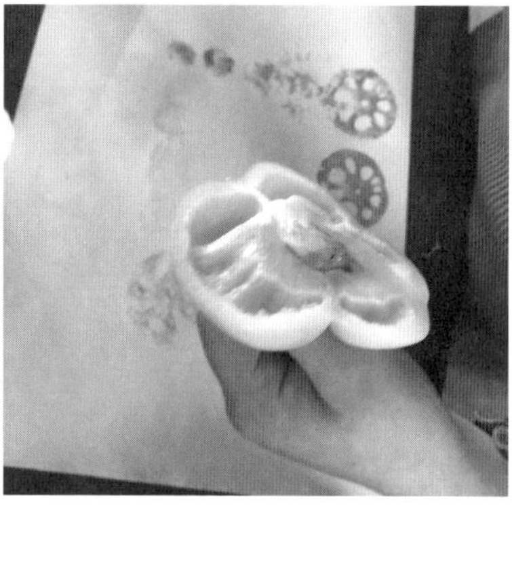

で一緒に想像してみる。

そして、それがオクラやピーマンなど面白い形の野菜だったら、思い切ってスタンプを用意して作品を創造してみる。

子どもは、野菜の独特な形を上手に利用して色々な絵を描きます。ピーマンの花火やオクラのお花畑です。

野菜を通じて、子どもの想像力をかきたて、創造力を養う。

こう考えると、野菜で子どもの可能性は無限大に広がっていきますね。

これは一体どこから来たの?

たくさんある食材。子どもにとって、それは一体どこから来た何なのか、意識しないと考えないことなのではないでしょうか。牛乳を飲むときは、「これはどんな動物のミルクだと思う?」卵を食べる時は「何の動物の卵?」とたくさん問いかけて食べ物に関するアンテナを作っていきたいと思っています。野菜や果物も同様です。何が野菜で何が果物なのか、どんな野菜は土の下にできて、茎にできるのはどんな野菜なのか、季節は? と調べ始めるとどんどん新しい知識が増えてきます。

例えば、じゃがいもを使った冷製スープを作るとしたら、せっかくならじゃがいもを使って「学びの種まき」をしてます。「じゃが芋は土の中にできる? それとも茎にできる?」うーんと考えていたら、じゃがいもを手にとって「あれっ! 土がついているよ! と言うことは…」とヒントを与えるとすかさず「土の中!」と回答します。子どもはクイズが大好きなので、もうほとんど答えを言っているようなヒントでも、自分で正解できたことに鼻高々に喜び、すっかり気分はじゃがいも博士。料理中のちょっとした声かけであっという間に学び、観察しながら考える習慣を身につけることができます。

ちなみに、じゃがいもは子どもにとってとっても楽しい食材です。なぜなら子どもが皮をむきやすいように下準備をすれば、小さな子どもでもスルスル皮をむくことができるようになるからです。

じゃがいもは、よく洗ったら火を入れる前に十字に切り込みを入れます。そのままグツグツとじゃが芋を茹でる、もしくは蒸してください。私は蒸すほうがほくほくになるので好き。皮がペロッと上にめくれてくるまで大きさにもよりますが大体30分前後茹でたら、ザルなどにあげ

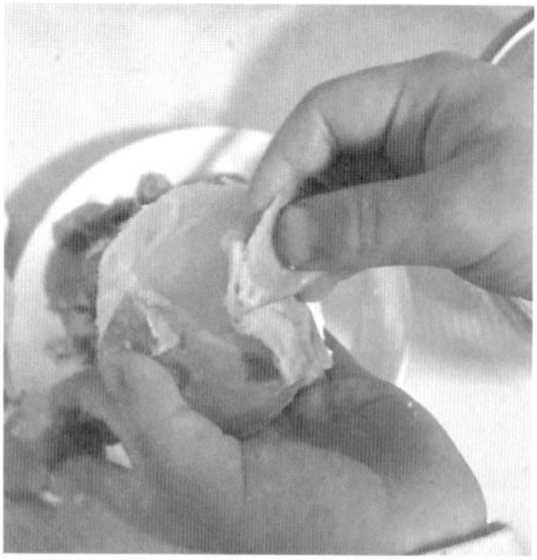

て粗熱を取ります。触れるくらいの温度になったら子どもに手渡してください。気持ちいいほどスルスル皮がむけます。
　もちろん、子どもが皮をむくとそれなりに時間がかかります。しかし実はこのじゃがいもの皮むき、子ども料理入門にもってこいです。この作業は周りがほとんど汚れないし、子どもも「皮をむくべし」と言うミッションが明確なのでじっと集中して取り組んでくれます。その日の夕飯に出されたじゃがいもを嬉しそうに家族に自慢することと思います。

　大人がやったらあっという間にできることを、子どもが楽しく参加できるように大人が工夫をすることで、子どもに達成感や料理を作る喜びを実感してもらいます。だから、「子どもが調理しやすい下準備」がとっても重要だと思います。

魚を触ってみよう

売り場で売っている切り身の魚がそのまま海に泳いでいる、そう思っている子もいるという話もありますが、都会に住む子どもにとって、「魚」に興味を持ちじっくり眺める経験はあまりないのではないでしょうか。まして、自分の手で触って調べて、となるどうしても親の努力と協力が不可欠になります。 レッスンでは鯵を使用、観察しました。スーパーで一尾200円くらいです。子ども達がじっくり時間をかけて観察するので、今回はお店の方に内臓を処理して頂いてから作業しました。本当は解剖もしたいけど、衛生面とトラウマを考えて、小さな子どもにはまずは魚との触れ合いを第一歩と考え、①触る ②特徴を観察する に目的を絞りました。

観察の前に、みんなで魚の特徴についてお話しします。エラの名称、鱗やゼイゴ、水の中で生きていくためのエラ（子ども達はエラのことを「不思議ポケット」と命名していました。不思議ポケットがあれば水で呼吸できるからだそうです）

次は早速、観察です。本物の魚、パックに入っておらず、はいどうぞ、と目の前に渡されると子ども達は一様に驚きます。触っていいよ、と言っ

ても、ツンツンと指先でおっかなびっくり嗜む程度。つかんでごらん、と言ってもみんな嫌っと言って触りません。講師が手に取って、エラを広げて見せたり、口を広げると…エラがびっくりするような赤茶色でギザギザしたものであったり、なんと鯵に舌があるー！ しかも口がこんなに大きく開く！ という発見をします。だんだん自分でも見たくなってきて、最後にはガッツリ手で魚を握って観察を始めます。こうやって食べ物の本当の姿を学ぶ機会は、普段の生活では中々訪れません。一歩踏み込んだ学びであるからこそ、子どもはグングン多くのことを吸収します。

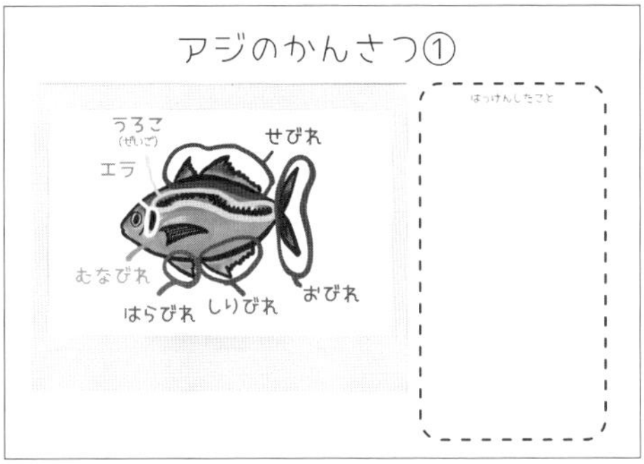

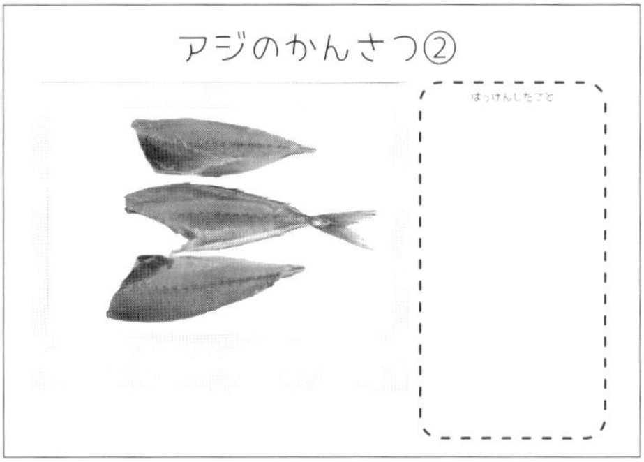

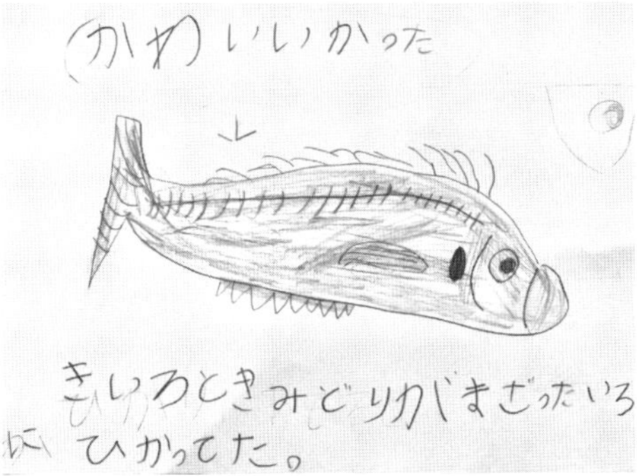

社　会

フードロスや共食、私たちを取り巻く食の環境問題は多岐に渡ります。子どもだからわからない、ではなく、子どもの頃から自分の周りにアンテナを張り巡らせ、疑問を持ち、自分なりの解を導く癖は、子どもの課題認識力と考える力の向上に直結すると感じています。

命を頂くことについて
（命が命をつなぐ）

多くの命によって、私たちの命が繋がっていること。これを小さい頃から子どもと一緒に考える時間を大切にしています。

子どもたちはアサリが大好きなので、貝料理をよく一緒に作ります。スーパーに行って貝を買うところから、子どもたちはとっても楽しそうにしています。ニョキっと顔を出したアサリに大興奮です（笑）。

アサリを買って帰ってきたら、娘は「みんなー！ 海のお水だよー！」と言ってボウルに塩水を張って、「今から夜になりまーす」と新聞紙を被せて暗くします。そして、アサリたちが暗い中、束の間のリラックスタイムで顔を出していると、「バァ!!」と急に明るくしてワッと驚いたアサリを見ては、姉弟でキャッキャッ大騒ぎしながら楽しんでいます。子どもたちがひとしきり遊び終えたら、タッパーにアサリと一緒に塩水をひたひたになるように入れ、蓋をして冷蔵庫で3時間置けば、砂抜きは完了です。塩水は、200gのお水に塩小さじ1を入れたものを使っています。

子ども達がすっかり感情移入したアサリを使って、クラムチャウダーを作ります。フライパンで酒蒸しにするのですが、子ども達その瞬間、凄まじい衝撃を受けます。さっきまで「飼っていた」アサリ。名前までつけて可愛がっていた子達がフライパンで酒蒸しされている様子を切なそうに眺めています。そうして出来上がったクラムチャウダー。大好物を前に、さっきまでの神妙さは吹き飛んで食らいついていましたが、「ありがとうの気持ちで最後まで全部食べようね」というと、「ふむ」と納得して食べていました。

私たち人間は、様々な生物から「命を頂く」ことで日々生活しています。

小さな子どもに、完全には理解できないかもしれませんし、家畜のと殺とまで言ってしまうと衝撃が強すぎるので、まずはアサリなどの貝を一緒に調理して「命を頂く」食事への理解の第一歩として考えてみたいと思います。

命の大切さを知り、尊さを実感する。人間は、他の生き物の命によって生きていること。この大切な真実を、私たち親は時間をかけて子どもにしっかりと伝えていかなければなりません。

苦手な食べ物についても闇雲《やみくも》に、「残しちゃダメ！ 好き嫌いしないの！」ではなく、どうして捨ててしまってはいけないのか、「命を頂く」ことについて一緒に考えていくと、子どもは自ずと食べ物を粗末にしてはいけない、と自ら答えを導きだします。親と子どもがとしっかり向き合って話す機会が必要ですね。

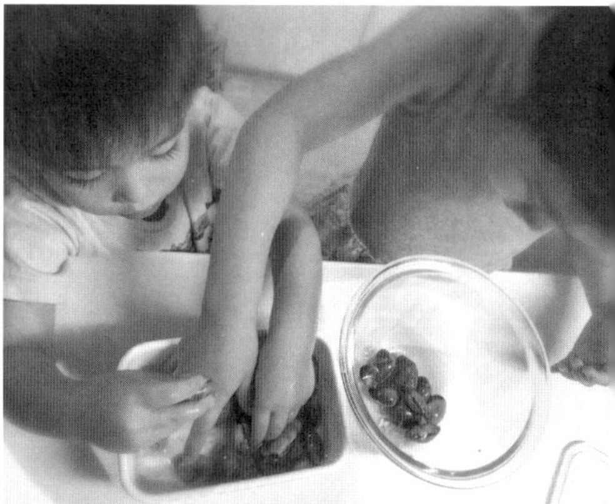

八百屋さんで売っている野菜は誰が作ったの?
(誰かの仕事で社会ができている)

勤労感謝の日は、子どもと社会を見回すいいきっかけになるので、毎年仕事についてよーく考えています。

そもそも勤労感謝の日は、新嘗祭《にいなめさい》と呼ばれる収穫祭が由来となっています。新嘗祭では、その年に無事に作物ができたことをお祝いし、その生産者に感謝をしていました。勤労感謝の日と制定された今では、生産を農作物に限定せず、多くの身の回りにあるものやサービスに感謝し、それを作り出す人々の勤労を讃え、感謝し合う日となっています。子どもと一緒に社会の仕事を考える、これをどうやって子どもと一緒にやるのか? 我が家で実践している具体的な方法をご紹介します。

まずは勤労感謝の日は何をする日なのか、そこから子どもたちと一緒に考えていきます。そこで「お仕事を知ることから始めよう」と決めました。我が家は食にまつわること好きなので、「八百屋さん」を足がかりに、一緒に考えてみます。せっかく考えるなら模造紙に書きながらわかりやすく。最初に、「いつも行く八百屋さん、ここで働いている人は誰?」と聞くと、娘は元気よく「八百屋のおじさん!」。次に、「ではこの八百屋さんの野菜は、どうしてここに並んで売られているのかな?」。ここでちょっと回答に詰まります。今まで八百屋に野菜があるのは当たり前の事実で、それがどこからどうやって来てここに並んでいるかなんて、想像をしたこともなかった様子。そこでヒントを与えます。「野菜はどこで採れるっけ?」「畑ー!」。これはわかった!

「では、その畑はどこにある？」
「○○公園に行く途中と、○○に行く道にある！」
「そこからどうやって持ってきたのかな？」
「歩いてだと、重いから……あっ！ トラックだー！」
「そうだね。ところでこの野菜たち、八百屋さんが作ってると思う？」
「……？」
　不思議顔の娘。当然のように、八百屋のおじさんが作っていると思っていたようです。
「スーパーの魚やお肉はスーパーの人が作ってるかな？ 八百屋さんだって、日中お店で働いているから、その時間に畑に行って野菜のお世話なんてできないよね」
「お野菜作る人がいて、その人が作ってる！」
　……という具合に、質問を重ねていくと、八百屋一つとっても、そこに行き着くまでには商品を運ぶ仕事、作る仕事が存在することに子どもは気づきます。時間があったらどんどん進めて、「お野菜にあげるお水は？」「スコップはどこで買う？」などなど、質問を広げていきましょう。たくさんの仕事が存在し、互いに助け合って社会が成り立っていることを、図にして一緒に書いていくと、子どももなるほどと納得してくれるはずです。次は、買い手側にも移ります。
「ママたちがお買い物に行って、野菜を買うね。この時必要なものは何？」
「お金いーっぱい！」
「い、いっぱいはいらないけど（笑）、そうだね。お金が必要だね。ではこのお金はどこから来た？」
「お仕事！」
「では、この野菜を買って、家で何をする？」

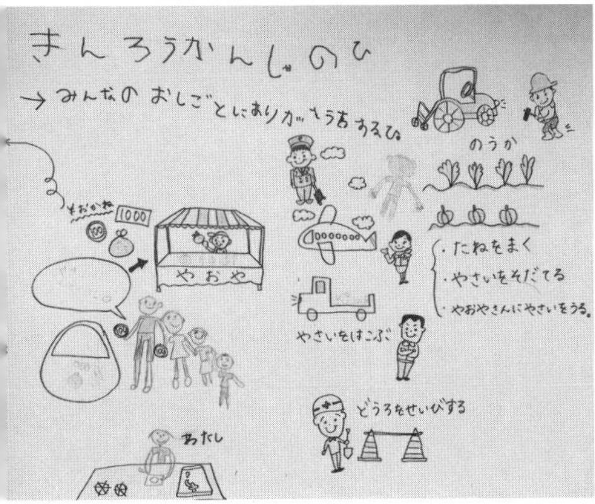

「お料理!」

「お料理は誰の仕事?」

「私とママー!」

普段料理をしている娘は、自分も社会の一員として働いている! という意識を持ったようです。

頑張って働いてくれている家族のために食事を作ることは、子どもにとっても自分の仕事や役割を実感できる良い機会になります。勤労感謝の日に、子ども料理に挑戦するのも素敵なきっかけです。

日々の生活の中で子ども自身が「考える力」をつけていくには、小さい頃から親がしっかり本腰を入れて向き合わないと難しいもの。勤労感謝の日のように、考えるきっかけがあったらぜひ親子で話し合ってみてほしいと思います。

知識(調べたり聞いてすぐにわかるもの)を得るだけではなく、そこから一歩踏み込んで、「あなたの生活は誰のお仕事に支えられているか考えてみよう」というような、答えが一つとは限らない問いを子ども自身に考えさせる経験を、たくさんさせてあげてください。

今の子どもたちが大人になった時に訪れているであろうAI時代、知識を得るだけだったら今よりさらに簡単に叶うようになっているはずです。そこで人間に問われるのは、仕入れた知識をもとに、いかに想像力を巡らせることができるかではないでしょうか。そのためにも、「考える力」を鍛えておくことが鍵になります。

勤労感謝の日、子どもの作った料理食べながら、仕事について、社会について、家族でぜひ話し合ってみてください。

美味しいデザート、どこの国?
(地図を片手に世界に目を向ける)

子どもの部屋にある世界地図、どんな活用されていますか? 美味しい料理は世界各国からきたもの。料理を作るときや食べる時に、一緒にその国を見てみると案外国を覚えたりするものです。

教室でティラミスを作った時のこと、作り始める前にみんなにイタリアに旅行に行った気分で色々な名所をスライドで見せました。もちろん、スライドでは空港から飛行機に乗って旅立つところからスタート。子ども達、あっという間に空想の世界に入り込んでくれて一緒にワクワクしています。イタリアの国の形を見せて、みんなは何に見える? と聞くと、「たつのおとしご!」「双子の子どもがくっついてる!」「犬!」と口々に発言してくれます。そのあと、イタリアの場所を世界地図で確認。さっきの形、ここにあったね、とヨーロッパの一部を指差し、ここがイタリアだね、と確認します。その後は、トレビの泉、コロッセオ、ベネチアと写真をみて観光気分になりながら、カフェに入ろっか、とう設定で進みます。するとお店のオーナーが泣きながら出てきて、「イタリアで有名なティラミスが全部売り切れちゃってみんなに出してあげられないの」という展開に。子ども達、完全にお話に入りこんでくれているので「えー!」って残念そうにしてくれます。講師が「みんなどうする?」と聞くと、ハッと思いついて、「ティラミス作ればいいじゃん!」って真面目に答えてくれます。その様子は何とも可愛い！ じゃあ、これからイタリアで有名なティラミスを作っていこうね、という流れでいざ作り始めるという具合に、国や場所、名所を一緒に覚える仕組みを作っています。

　想像力豊かな子ども達、いつも楽しそうに空想旅行を楽しんでくれています。

人生のパフォーマンスを左右する食べ物についての知識

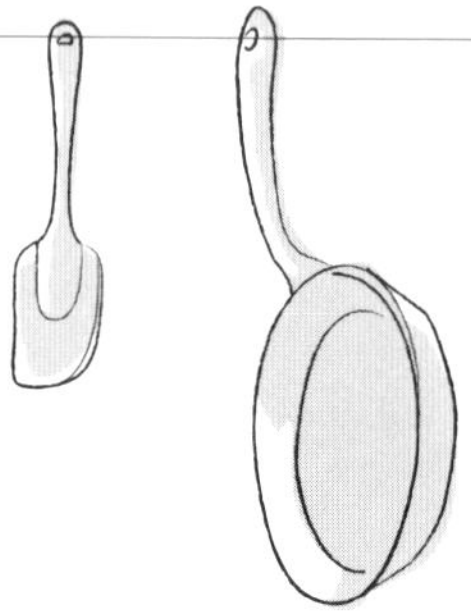

私が食育を通じて子ども達に伝えたいことの一つとして、「何を食べて生きていくのか選択する力をつける」かを大切にしています。食べたものがそのまま体を作ります。栄養がある食事をすれば、やる気に満ちた毎日をおくり勉強やビジネスにおける生産性を向上させ、人生のパフォーマンスを最大化することができます。もちろんその逆も。そのため食習慣は、子ども達の人生において大切であると考え、小さい頃から体を考えて食べることを学んで欲しいと思っています。食は大袈裟ではなく人生を左右します。健康な食事は何よりの資産であると考え、あらゆる場面でベストを尽くせる身体という最高のリターンがついてくるものであると考えています。

旬について

子どもと一緒に季節の行事の料理を楽しむことは、いいことづくしです。子どもと料理をすることで、子どもはたくさんのことを学びます。大変なこともありますが大切なひとときであると感じています。何より特別な時だからこそ、楽しい思い出としてその時の学びがしっかりとインプットされるのです。

子どもの試験に、トマトは夏、大根は冬、のように食べ物の季節を問う問題がよくあります。子どもは一所懸命に野菜や果物の季節を覚えていますが、その時「旬」というものを実感できているでしょうか。トマトは夏のものだけど、秋だって冬だって1年中手に入ります。せっかく食べ物の季節を覚えるなら、「旬」の感覚も一緒に養いたいですね。「旬」の食べ物の、今が一番美味しくって、旬が終わったらまた一年後まで待つちょっとした寂しさ。そんな体験を、赤紫蘇や梅、新生姜などを通じて実感することができます。

「ママ！ 赤紫蘇が売りはじめたよ！ 急いで買わなくちゃ！」

6月下旬、八百屋の前を通りかかると今年初めての赤紫蘇がお目見えです。我が家は、娘が年少さんの頃から赤紫蘇ジュースを一緒に作っているので、今年で5年目。すっかり赤紫蘇の独特の風味と爽やかな味に魅了された娘は、八百屋に並ぶ赤紫蘇を見つけて慌てています。なんでこんなに慌てるかというと、赤紫蘇が買えるのは期間限定、つまり旬の今しか手に入らないことを知っているからです。一年中様々な野菜が買える今、子どもにとって“旬のものを旬の時期に目一杯味わう”という体験は中々ないのかもしれません。しかし、そんな飽食の時代であっても、赤紫蘇は旬の時期にしか売られていません。娘は、旬のうちに何回作れるのか、と大慌てで買って買ってとせがんでいます。

さて、この赤紫蘇、見た目はちょっと地味な感じ。馴染みのない方にはまずは「どうやって作るの?」という感じですよね。赤紫蘇ジュースなんてハードル高そう…と聞こえてきますが、そんなことはありません! ざっくり説明すると、洗って煮て砂糖とお酢を加えて冷やして完了! 実はとっても簡単なのに、なんだか「丁寧な暮らし」という感じのおしゃれなジュースが完成します。来客時にさっと炭酸で割った赤紫蘇ジュースなんてお出ししたら…素敵!

まずは赤紫蘇を洗います。でもここで一つポイント!

葉っぱを茎から取ってから葉っぱを洗ってください。ん? どういう意味? ってなりますね（笑）子どもにお手伝いで、葉っぱを茎からとってもらうのですが、その時に、最初に茎に葉っぱがついたまま茎ごと洗ってしまうと、葉っぱが茎にくっついてしまいその後葉っぱを取りづらい。だから、洗うのは葉っぱを取った後にしてください。小さな違いだけど、楽さが全然違います!

なぜ茎は使わないかというと、茎はえぐみが出てしまって苦いんです。だから、葉っぱを茎から子どもにとってもらうお手伝いを頼みましょう。

葉っぱが取れたら洗います。ここは何度も洗ってください。結構砂がついています。初めのうちは水が濁っていますがだんだん綺麗になるのでここをしっかりとやると美味しいジュースが作れます。

水気を切ったら、大きめの鍋にドーンと入れて、水を入れます。沸騰して5分経ったら煮出した葉っぱを取り出します。子どもと煮る前と後で葉っぱ色が全然違うことを観察してみましょう。

そして、煮出した鍋の中をみると…えっ！ 変な色…なんで？

気を取り直して、砂糖を溶かします。砂糖はご自身で調整いただいて大丈夫です。でも最初はあんまり砂糖を少なく作ってしまうと、子どもに「まずい…いらない」なんて言われたらちょっと残念なので、初めはこの分量で作ってみてください。それからどんどんアレンジでご家庭の味にしてくださいね。

さあ次がクライマックス。リンゴ酢をこの変な色のジュースに加えます。子どもを呼んで「今から魔法をかけるよ！ せーの！」とリンゴ酢を入れると…さっきまでの色が嘘みたいに鮮やかな紫色に大変身！ 初めて見るときは感動します。

これを耐熱容器に入れて冷やせば、美味しい赤紫蘇ジュースの完成です。1週間ほどで飲み切ってください。

梅仕事もとっても簡単。

季節ごとに旬を楽しむ習慣を作ります。それが恒例の家族行事となって、楽しい親子の時間を過ごす。そして、子どもが大きくなった時、この時期に出回る赤紫蘇を見かけて、幼い頃の記憶が蘇ってきたら、なんだか心がポッと温まりますね。そんなことを考えながら今年もせっせと赤紫蘇ジュースを作っています。

子どもの梅仕事　梅シロップ

材　料	
青梅	1kg
氷砂糖	250g
上白糖	250g
煮沸消毒した保存瓶を用意	

❶ 青梅の表面が傷つかないようにやさしく洗う。ザルにあけて、キッチンペーパーで水気を拭き取り痛みにくくする。

❷ 爪楊枝でヘタの黒い部分を取り除いたら、爪楊枝で青梅に5ヶ所ほど、穴をあける。

❸ 保存瓶に青梅、氷砂糖、上白糖を交互に入れる。上白糖を入れることで砂糖が溶けやすく、早く出来上がりがる。

❹ すべて入れ終わったら、保存瓶のふたをしっかり締める。冷暗所に1ヶ月保管して、できあがりを待つ

旬を味わう　赤しそシロップ

材　料	
赤しそ（葉の部分）	約 200g
砂糖	500g
りんご酢	150ml
水	2ℓ

❶ 赤しそは葉を摘み、よく水洗いしてザルにあげて水気を切る。茎も一緒に煮出すとエグ味の原因になるので取り除く。

❷ 大きめの鍋に水を沸騰させ、赤しそを入れて中火で10分ほど加熱する。
ここで紫色の葉っぱが緑色に変わります。

❸ 粗熱が取れたらザルで赤しそ液をこす。こした液を鍋に戻し、弱火で温めながら砂糖を加えて溶かす。

❹ 最後にリンゴ酢を加えて混ぜ合わせる。ここで赤しそ駅が濁った紫色から鮮やかなピンクに変わります。

粗熱が完全に取れたら冷蔵庫で冷やす。
お好みで炭酸水や水で割る。

栄養ってどうして大切なの？

食べ物がみんなの体を作っている！ 子どもって何となくは知っていてもあんまり実感を持っていないことが多いんです。体に良い栄養があるものを毎日食べたら、朝から元気モリモリ、なんでも頑張れるパワーが湧いてくるけど、栄養がない食べ物を毎日食べていると、朝は眠くてやる気はなくなっちゃうし、運動もお勉強も頑張りたくない。もう全部面倒臭い…ってなっちゃう。

ではこの栄養って一体なんだろう？ 幼稚園児や低学年の子どもに話しても理解できないと考える方もいらっしゃるかもしれませんが、実は年中さんでもばっちり３色栄養素を理解し食材を振り分けられるようになります。

「食べたもので体は作られて、守られて、動かされているんだよ」これだけだとまだ、ちょっと子どもにはピンときません。そこで、栄養というものを説明するために、「頑張るための元気パワー」というわかりやすい言葉で話します。

「みんながこれから先、一生懸命勉強する時や、仕事を頑張ったり、夢を追いかけるとき、必ず必要になることってなんだろう？ それは「頑張るための元気パワー」なんだよ。元気いっぱいの体がなかったら、途中で疲れてしまって、もういいや…って諦めちゃうよね。せっかくのチャンスも風邪でお休みなんてしたら、チャンスが逃げちゃう」

少しずつ、子ども達に実感が湧いてきます。

「大切な日、例えば今のみんなにとっては運動会や入学式前に風邪を引かないようにするためにはどんなご飯を食べたらいいんだろう？ 大切な日に頑張る力が湧いてくる食事ってなんだろう？ こうやって食べるものを考えることがとても大切なんだ」

丈夫な体を作ること。それが、自分の好きを活かして、素敵な大人になるために必要なことです。

人生は、食べたものと話した言葉で作られていると思います。

三色栄養の説明

とっても体にいい食べ物は３つの色のグループに分けられるよ

赤組
海のものと、牧場にいるもの、大豆
→ 筋肉モリモリ、背が伸びたりみんなの体を作るよ。

緑組
野菜、フルーツ、きのこ
→ ウィルスやばい菌が体に入ってこないように体にバリアを貼ってくれるスーパーマン。

黄色組
麺、ご飯、パン、芋
→ 動くためのガソリン！ これがないと朝ベットから起き上がれない。

※覚え方はシンプルに、一個一個暗記ではなく想像して答えを導き出せるようにする

食べ物は、赤組さんと緑組さんと黄色組さんに分かれます。食べるときは、それぞれの組の食べ物を食べられるようにすると、体の中で食べ物がしっかり働いてくれます。

私がリトルシェフクッキングで子ども達に伝えていことの一つとして、「何を食べて生きていくのか選択する力をつける」と言うことを大切にしています。前述の通り、食べたものがそのまま体を作ります。栄養がある食事をすれば、やる気に満ちた毎日をおくり勉強やビジネスにおける生産性を向上させ、人生のパフォーマンスを最大化することができます。そのための食習慣は、子ども達の人生において大切であると考え、小さい頃から体を考えて食べることを学んで欲しいと願っています。食は、大袈裟ではなく人生を左右します。健康な食事は人生を豊かに輝かせるための大切な土台であると感じています。

砂糖を食べすぎるとどうしてダメなの?

子どもは甘ーいお菓子が大好き。チョコにクッキーにキャンディーにケーキ。大喜びで食べますよね。しかも食べ始めるとどんどん欲しがって、ちょっとだけのはずが思いのほか食べさせてしまった、こんな経験がある方もいらっしゃるのではないでしょうか。

よく、チョコは何歳から? アイスは何歳からいいの? という質問をお受けします。4歳に入ったらOKなど年齢で区切る方法もありますが、私の区切り方は「砂糖を知り、自制できるようになったら」という考え方です。つまり、子どもにお菓子を全面解禁にする前に、「お菓子との付き合い方」を教えることが大切であると考えています。

「お菓子との付き合い方」を知るために、まずは「砂糖と体の関係」についてお話しさせてください。砂糖を一気にたくさんに摂取したときの体の状態についてざっくり簡単に説明します。

100円程度で買えるいわゆるお菓子。これはものにもよりますが、糖分と脂質が主たる成分です。人間の大好物ですね。これを食べた途端に体に起こること。それは、糖分が一気に体内に入ることにより血糖値が急上昇です。それをなんとか抑えようとインスリンが大量に膵臓から分泌されて、体の中は大忙しになります。（余談ですが、ここで処理しきれなかった糖分が体に蓄積され、太る！ 現象が起こるのです。ギョッとする…）インスリンの大活躍によって、猛スピードで血糖値が元の状態に戻ります。お菓子を食べて急上昇した血糖値がインスリンによって一気に下がっていくのです。この血糖値の急降下が曲者。なぜなら急降下と共に人はイライラした感情や疲労感などを感じて心が不安定になるのです。するとまた、さっきのハッピーな状態に戻りたい！ と脳が叫びます。そして次のお菓子へと手が伸びる。しかしすぐにズーンという気分に陥り、次のお菓子を口へ運び一瞬のハッピーを得て、でもまた…という恐怖の負のスパイラル状態が勃発します。

この現象、もちろんですが子どもも一緒です。つまり砂糖たっぷりのお菓子をあげた後に子どもに起こってしまう現象なのです。おやつの内容次第で子どもの体が大変な事態に陥ってしまいます。

ではどうしたらいいの？ その答えは、この急激な血糖値の上昇と降下をできる限りなだらかにすること、おやつをしっかりコントロールすることが大切になってきます。

解決策の一つは、食物繊維。市販のおやつは糖分と脂質だらけなので、ここに食物繊維などの栄養素を加えます。食物繊維を糖質を一緒に取ることで、糖質の消化吸収が穏やかになるので、血糖値の急上昇を防いでくれます。

市販のおやつをあげる前に、バナナや干し芋など食物繊維を含む食品を適量食べてからお菓子を食べる、など順番を工夫することで対策できます。

我が家も、普段は食物繊維作戦でおやつを食べているのですが、ここぞという時のおやつ、例えば頭を使う習い事がある時は、市販のおやつはあげずに、なるべく自然の物だったり作ったおやつにしています。なぜなら、血糖値の急降下と共に集中力が下がるので、せっかくの習い事に費やす時間とお金がもったいないと思うからです。私の気力と心の余裕がある時は、一緒に手作りでおやつを作ります。と言っても混ぜて焼くだけ、にしないと中々大変なので、子どもの手だけで作れるレシピです。今回ご紹介するのは、我が家でもよく作る簡単ブラウニーをご紹介します。チョコは不使用でココアを使用したレシピになっています。バナナをたっぷり入れるので、食物繊維もたっぷりで満足感のあるおやつになること間違いなし!

子どもの午後のパフォーマンスは、謂わばおやつで決まる! と言っても過言ではないと考えているので、ここは親の心掛けが大切になってきます。

「お菓子との付き合い方」を教えるための「砂糖と体の関係」について、私は、2年生の娘と年中さんの息子に繰り返し行っています。お菓子が悪者、というより砂糖を一気に取ったときの体の現象。それによってどんなことが起こるのか。これを分かるように噛み砕い

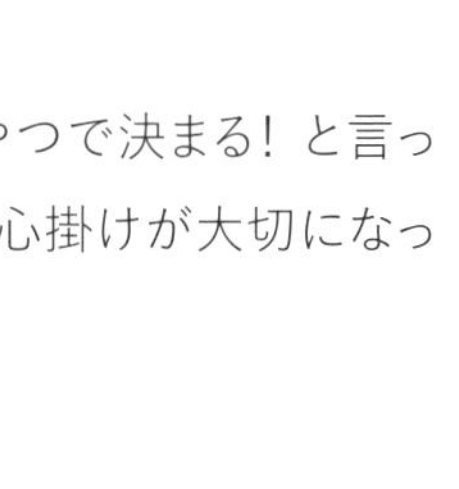

て何度も説明しています。「チョコは食べちゃダメ！」などと、子どもが欲しているものをがむしゃらに否定することは良くないことであると思っています。なぜならば、親のいうことを聞いてくれているうちはチョコを制御できても、大きくなり自由にお金を使えるようになった時、今まで抑圧されたチョコへの欲望が爆発してしまっては本末転倒だと思っています。

どう否定しても美味しいものは美味しいのです。

それをただ「食べちゃダメ」という一方的な否定で我慢するのは中々辛いものです。なので、砂糖について、どうして食べすぎてはいけないのか、それを理論と経験を以て子どもにも納得してほしいと思っています。子どもにはまだ難しい、説明しても分からない、とはじめから決めてしまわずに、子どもに対しても以上の説明を行って「お菓子との付き合い方」を学んで欲しいと願っています

その一つの方法として、自分自身でお菓子を作ることも有効です。お菓子作りは、使用する砂糖の量が可視化できます。「思ったより多い」であったり「あの量でこの程度の甘さなんだ。」と自ら発見する経験を通じて、生活から切っても切り離せない「砂糖」について小さい頃から学ぶ意識を持ってほしいです。

我が家では、チョコもクッキーも、砂糖の説明を理解でき始めたら解禁としています。甘いものは、食べたらどんどん食べたくなってしまう現象であったり、心境の変化が起こる事実も何となくでも分かった上で、どうやったらお菓子と上手に付き合えるのかを家族で共通認識を持って過ごしています。

食べるもので、人生はある程度決まってくるのではないでしょうか。自分の「健康」に向き合い、心も体もベストな状態を作る方法を、小

さい頃から習得することは大切だと考えます。「三子《みつご》の魂百まで」と言いますが、砂糖、つまりお菓子との付き合い方を、小さい頃から意識して向き合う癖をつけることで、生涯にわたって自分や家族の健康を考えた食べ物を選択できる力を養っていきたいです。

勉強やビジネスにおいても、食べる物でパフォーマンスが左右されるのも現実。そうだとしたら、国語や算数と同じくらい砂糖との付き合い方も大切な学びなのではないでしょうか？

ファストフードとの付き合い方

小さな子どもといえば、ぷくぷくのほっぺにポッコリお腹。そのお腹にはいったい何が入っているのー!? というほどとっても愛らしいフォルムですが、そんな体型もずっと続くわけではありません。小学生に上がるにつれて、気づくとシュッと背も伸びてあっという間に成長しますね。

世界に目を向けると、世界中の5歳未満児の少なくとも3人に1人に相当する2億人が、栄養不足や過体重であるとデータがあります。

(5歳未満児の3人に1人が栄養不足や過体重)

(ユニセフの基幹報告書『世界子供白書 2019：子ども、食料、栄養（原題「State of the World's Children 2019 : Children, food, and nutrition」)』より)

食べるのもがなく飢えに苦しむ子ども達がいる一方で太り過ぎによる健康被害に苛まれる子ども達もいるのです。太り過ぎの原因は一概には言えませんが、生活習慣によるものが多いとされています。特に、ファストフードが簡単に手に入る世の中になり、手軽で安くて美味しい（と感じる）ハンバーガーとポテトは、糖分や塩分、油分が多く中毒性があるため、子どもにとって魅力的な食べ物と映ってしまいがちです。

しかし、頻繁にファストフードを食べていると、そうではない人に比べて、糖尿病の発症リスクや、心疾患による死亡が上昇するという研究もあります。

手軽である反面、健康的な食事に比べ塩分や油分が多く、あまり噛まずとも食べられてしまう食事は、健康を損ねる危険性があるのです。

そんなことを聞いてしまったら、大変！

私たち親は、ファストフードをできる限り子どもの前から排除し、食べることを徹底的に禁止せねば！ なんて考えもよぎってきたりもします。しかしその愛情もまた弊害となる可能性があるのです。

例えば完全にシャットアウトしたとしましょう。

ハンバーガーには、魅力的なおまけがついていることが多いですよね。テレビコマーシャルなどを通じて子どもはすぐにこの情報をキャッチします。

「ママ、僕も食べたい」

「ダメよ。体に悪いの。食べないのはあなたのためだから」

子どもはきっとしょんぼりした顔で「わかった」となったり、はたまた大泣きしたりでしょうか。

お友達同士で公園遊びの帰り道、ちょっとみんなでお昼食べていく？ という流れもありますね。

「私もみんなと一緒に食べてもいい？」

「ダメよ。ああいう食べ物は一回でも食べたら癖になっちゃうの。あなたの健康のためだから」みんなとバイバイと別れた時の子どもの気持ちってどんな思いでしょうか。

駅前のファストフード店。禁止されればされるほど、子どもにとってどんどん憧れが強くなります。「楽しそうなおもちゃが付いてくるんだ、僕も欲しいな。自分のお金でたくさん買ってみたいな」「ポテトってどんな味なんだろう…大人になったら食べてみよう」こんな思いが沸々としているかもしれません。

所々で子どもの“食べたい欲求”を満たしてあげられていれば、子どもの視線がファストフードのお店に集中することはありませんが、禁止すればするほど子どもの熱い視線が注がれてしまい、キラキラと輝いた存在になってしまう可能性があります。

親として子どものためを思って禁止していたとしても、完全にコントロールできるのはせいぜい小学生まで。自由にお金を使えるようになった瞬間、ファストフードへの憧れが爆発してしまい、その反動でたくさん食べてしまう、そんな話は本当によくあることです。

私は、単にファストフードを遠ざけるのではなく、「嗜み方を教えること」が大切であると考えます。ファストフードが世の中から完全になくなることは現在のところあり得ないと思うので、上手な付き合い方を教えることは、親が子に行う食育なのではないでしょうか？

我が家では、ファストフードのルールを決めています。

月に２回まで

家族で楽しく食べる

席に座って食べる

他の食事で野菜を食べる

月に２回まで

月に１度も行かないことも多いのですが、４歳の息子が大好きな電車がおまけとしてついて来るときは、１カ月に２回行くこともあります。袋を開ける瞬間、親も子どもと一緒になってドキドキするのは楽しい時間です。黄色い新幹線よ、早く出てきて！と願っています。

家族で楽しく食べる

子どもの分だけを買って食べさせることはせず、大人も一緒にいただきます。それは、ファストフードを「誰かと一緒に食べるもの」として認識してほしいから。将来、食事がわりに一人でファストフードを食べるようになったら、健康が心配です。ファストフードに行くのは特別なイベントだと、子どもが感じるようにしています。

席に座って食べる

店内で食べるか、テイクアウトする場合は自宅の食卓などで座って食べるようにします。ピクニックもいいですね。ポイントは、ながら食べや食べ歩きをせずに、しっかり味わって食べること。ファストフードはおやつにするには高カロリー。我が家ではお昼ごはんとしていただいています。

他の食事で野菜を食べる

ファストフードの食事は野菜不足になりがちです。子どもには、「お昼にファストフードを食べたから、夜は野菜を多めに摂ろうね」などと伝え、栄養や健康について意識させる声かけをしています。食べたものはその人の体を作り、健康状態を左右します。日ごろから「おいしい」「まずい」という物差しだけではなく、栄養や健康についても伝えることが、子どもの将来の健康につながるはずです。

飽食の時代、人々の周りは魅力的な食べ物に溢れています。一歩コンビニに踏み込めば、そこにはありとあらゆるジャンルの美味しそうな食べ物がと所狭しと並んでいます。

そんな世界で子どもは生きていきます。私は、将来子どもが、多くの食の中から自分にとってより良い食材を選択できるような知識をつけてほしいと願っています。食べたものはそのままその人の身体を作ります。小さい頃から、食べ物について、美味しい不味いという物差しだけではなく、自身のパフォーマンスを左右する鍵だという認識を学ぶことは、人生における重要な要素であると考えています。

好き嫌いについて

子どもの好き嫌いにどう向き合う？よくある質問の一つに、野菜の好き嫌いについてがあります。どうやって克服したらいいの？と、頭を悩ませる親御さんは多いですよね。

一つの提案として、「野菜の調理法を変える」という方法にトライして欲しいです。例えば、にんじんが嫌い、と思っていても、実はその“苦手”を掘り下げてみると、にんじんの何が嫌いなのかが具体的になってきます。味、食感、匂いなど、嫌いになってしまう原因は様々。

息子は、「大きく乱切りにされた煮物のにんじん」が苦手です。でも、ひじきに入っている千切りのにんじんは同じ煮物でも大丈夫だし、ミートソースに入っている小さなにんじんも全く問題なし。スライサーで細くした生のにんじんサラダはむしろ大好物でパクパクよく食べます。つまり、にんじんが全部苦手なのではなく、「大きい」かつ「煮た」にんじんが苦手なだけなんです。

茹でたり焼いたり生まだったり、野菜は様々な食べ方ができるのことが魅力の一つ。子どもの嫌いな野菜について、子ども自身にまるっ

とその野菜を苦手と認識させるのではなく、野菜のどの調理の方法が苦手なのか、親子で対話をしながら嫌いを紐解くことが大切だと思っています。

そしてもう一つ、食べられない調理法の野菜があったら、それを認めてあげることも大切です。残すことは百も承知でありながら、毎回嫌いな野菜をお皿によそう、そんな状況もあることと思います。もちろん、そうやって少しずつその野菜に慣れて、徐々に食べられるようになったら万々歳です。

しかし私は、「あなたはこの調理法の野菜が苦手なんだよね」と嫌いを認めてあげて、1個だけにする、みんなより少なくよそうなど嫌いを尊重することも大切なのかな、と思っています。もちろん、外食時や給食では食べて欲しいので、バランスを取るのが難しいですが、嫌いな食べ物を認めてもらうって大人も子どもも嬉しいことじゃないかな、と感じます。あくまでも自分だったら認めてもらえたら嬉しい、という目線でこのような見解をしています。

料理を真ん中にした学び

絵画や造形につなげる方法

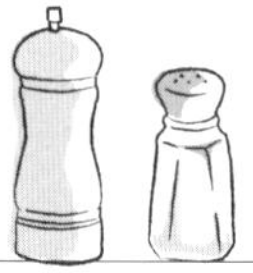

子どもにとって、本物を扱って料理をすること自体、プレシャスで最高の体験です。せっかくだったら子に料理時間を、もっと学びに結びつけたい！ そんな思いから料理を真ん中におき、学びを膨らませることを家庭学習として実践しています。メリットとして、子どももさっきまでやっていた料理だから案外ノリノリでやってくれるし、いきなり絵や造形を始めるよりも、体験が加わっているのでグッと奥深い内容になります。

私は、幼児期の学びとは、子どもの身の回りにあるものの不思議をたくさん発見し、疑問を持ち、実験し、学び、自分なりの解を導くというステップが重要であると思います。のんびり周りを見渡して不思議を見つけた時、「なんでだろうー？」と考え、「わかんない、まいっか。」とそこで思考停止するのではなく、あれやこれや考えてみて欲しいのです。なので、指数計算や平仮名、漢字の先取りよりも、昨日と今日の道に咲く花の違いに気付けるような、そんなアンテナを張れる力をつけることを優先しています。つまり「気づきの感性」と「考える力」を養うのです。

ここでは、実際に私が行っている料理を中心とした学びについて、詳しく説明していきます。

体験をそのまま学びにする具体的な方法
（リンゴ狩り–造形–絵画–料理）

私が行っている食育は、EduCookingという「料理で学ぶ仕組み」を作ることです。そして秋の果物は、子ども達の学びにぴったり。半分に切って断面を見てみたり、果物によって種の大きさも数も違うことを見つけるなど、EduCookingを通じて生活の中からたくさんの学びを吸収できます。りんごはあんなに大きいのに種がすごく小さかったり、同じ大きさくらいの桃の種は真ん中にドーンと大きいのがあったり。改めて果物の種を見ると大人の方も不思議なことがいっぱいあることに気付きます。

果物のなり方を観察することも大切です。今は小学生の娘ですが、幼稚園年長さんのこの時期は受験勉強に勤しんでおりました。私の場合、勉強のための教室には通わず、娘が好きな料理から派生する学びをとことん追求して学びの時間としていたので、りんごはうってつけの教材となりました。

まずは、近くのりんご農園でのりんごをもぎ取って購入できるところがあったので、りんご狩りからスタート。

「りんごって木になっているんだね。」

「りんごは秋に実がなるから、お花はいつ頃咲くんだろう?」

答えを知っている問いだけではなく、自分の頭で考えて解を導く練習をします。分からなかったら、りんご農園の方に伺うなど子どもの自身に答えを探してもらいました。

そして帰ってきたら、早速料理! と行きたいところですが、もう少し学びの時間を、ということで次は工作をしました。もぎたてりんごを見ながら、新聞紙や折り紙でりんごを作ります。

次にやっとりんごを使った料理です。自分で採ったりんごをそのまま頂いても美味しいですが、ちょっと工夫しておやつを作ったり。料理の経験もプラスします。

美味しく食べた後はラストスパート。りんご狩りの経験を絵画にします。

その後一緒に感想を聞き合います。

「何が一番楽しかった?」

「りんごの木って近くで見たらどうだった?」

「美味しいりんごを見つける秘訣は?」

などなど、会話を楽しんでりんごの学びの時間は終了です。

私が考える食育は、料理を通じて学びを楽しく吸収することです。もちろん学校や塾で教えてもらう勉強は大切ですが、机に座らずにも、子どもからしたら遊んでいるようにしながら学ぶこと。私は、その最強ツールこそ料理であると考えているので、小学校受験における学びは完全に料理から派生させていました。親もあれやこれや大変だったけど、食を通じた学びを一生懸命に親子で行ったことはいい思い出です。それと同時に、料理の幼児教育における可能性を見出した経験となりました。

もちろん、「りんご狩りなんて大変! 時間もないし、できない」というお言葉も百も承知です。その場合は一緒に八百屋さんやスーパーに行って子どもにとびきりのりんごを選ばせてあげてください。それだけでも子どもにとっては特別な「僕のりんご」になります。

その時大切なことは、子どもの選んだその「特別なりんご」を尊重してあげること。子どもに選んでもらった後に、親が選び直したくなる衝動がついつい湧いてきますが、多少小さくても子どもが一生懸命に選んだりんご。親がすぐに交換してしまっては何だか寂しい思いをさせてしまいます。子どもの一生懸命な気持ちを何よりも大切にすることが重要であると思っています。

そして、忘れてはならない選ぶ時のルールもしっかり伝えます。「これ！と選ぶまでは食べ物に触らない」あれやこれや執拗に手に取って比較するのは、マナー違反。子どもであってもスマートに買い物をして欲しいと思っています。

りんご一つで、ここまで「学びの種まき」ができるとなると、やっぱり食育は素晴らしいな、と思います。親が子に伝えることとして、食を通じた学びは温かい素敵な時間であると確信しています。

まだまだ残暑が続くこの時期、食べ物で少しずつ秋を感じてみてください。

夢のお弁当を想像
（絵画−お弁当作り）

料理を使った具体的な学びとして、お弁当作りも実践しました。お弁当を想像して絵を描き、実際にその具材をお弁当に料理をして詰めてみる、最後に造形で作ると言った具合です。正直1日がかりの学びでしたが、私は長女の小学校受験前にこのような学びを集中的に行いました。小学校受験では、絵画教室等にも通わず、あくまでも自宅でできる範囲で、ということを徹底しました。弁当作りアクティビティーもご紹介したいと思います。

ステップ① お弁当の絵画

まずは想像力の練習から。幼稚園でパカっとふたを開けた時、どんなお弁当だったら嬉しいかな？ ということをお題として、自分自身でお弁当を考えてもらいます。この時に、あまり想像力が飛躍しすぎないようにしました。なぜなら、「アイスクリーム」は魅力的だけど、時間が

経ったら溶けちゃってお弁当にはふさわしくないから。実用性も考えてもらいました。

ステップ② お弁当作り

今回作ったのは、こちら。

・卵焼き

・ウィンナー（焼いただけ）

・ブロッコリー（茹でただけ）

・おにぎり（前に炊いたご飯をレンジでチンして海苔をまいただけ）

あとは、

竹輪は包丁で切っただけ、ミニトマトは洗うだけ、焼売は冷凍食品、という風にしています。卵焼きとウィンナー、おにぎりを作るだけでも結構時間がかかるので、手抜きできるものも用意してあまり負担になりすぎないようにしました。

そしてお楽しみの「いただきます」自分で作ったお弁当は格別です。家にいながらお弁当箱で食べるのも新鮮でワクワクしていました。

ステップ ③

せっかくここまで作ったのでこのままでは終わらせません。

造形もやります。箱を作って、折り紙や新聞紙で形を作って、色々な具材を詰めていきます。

絵画だけやっても、造形だけやっても、なんだかもったいない…どうせなら、料理の強みを存分に活かして、実際に作って食べて、そこからどんどん膨らませていったら、その絵画にも造形にもストーリーができて、素晴らしい体験を伴ったものを作り上げることができます。

この、料理をツールとした幼児教育は、私が最も実践したかった幼児教育です。

野菜の断面を使ったスタンプで想像力を開花せよ

八百屋さんに行くと、蓮根やごぼうに大根などの冬野菜が瑞々しく並んでいます。

子ども達は、蓮根の不思議な形が大好き。「蓮根のお部屋に何がいるのかな?」野菜を見ただけで、そんなファンタジーの世界が広がります。

野菜の捨てちゃう部分で野菜ハンコ

我が家では、野菜の端っこの部分は格好のスタンプ。好奇心旺盛な子どもにとって、野菜はどこをとっても不思議でいっぱいです。私たち大人にとっては、当たり前のことでも、子どもの目線では全てが世紀の大発見。野菜の断面はどれもこれも面白い形。わくわくした目で眺めます。

料理教室でも、季節の野菜の捨てる部分を活用して野菜スタンプを作ります。

先日の夏はオクラスタンプをしました。オクラのヘタの部分にインクをつけてポンポンと模様を描きます。まずは初めにオクラをみせます。「これなーんだ?」子どもたち、「これはオクラだよ」そんなの知ってるよ、という具合に答えてくれます。そこで「今日はこれのヘタの部分を使ってスタンプを作ってお絵描きするよ!」と言うと、みんなオクラでスタンプ? と頭の中がハテナです。
「切ったらどんな形になっているかな?」と更に問いかけると、もう子どもの頭の中は好奇心でいっぱいです。目の前でオクラを包丁で切ってみます。大げさに「ジャーン!!」と断面を見せると、一斉に「おほしさまー!!」と新しい発見に目を輝かせて大喜び。「オクラが星の形なんて信じられない! オクラって可愛いんだね!」オクラのヘタでさえも、想像力豊かな子どもの手にかかれば、素敵な星スタンプとなり素晴らしい作品ができあがります。

野菜をまっぷたつにすると摩訶不思議な形や色です。それを見ると、子どもは疑問でいっぱいになります。緑のキュウリの中ってどうして薄い緑なの? ツルツルなトマトの中がぐちゃってなってるのは何で? 真っさらな純粋な心は知りたい欲求で溢れます。これこそ学びの出発点ではないでしょうか。

野菜を見ながら、この中身はどんな風になっているのかな? と親子で一緒に想像してみる。

そして、それが蓮根やオクラなど面白い形の野菜だったら、思い切ってスタンプを用意して作品を創造してみる。子どもは、野菜の独特な形を上手に利用して色々な絵を描きます。蓮根のマンションにオクラのお花畑です。

絵の具の道具出すのはめんどくさい！って時は、牛乳パックを切り開いたものの上に絵の具を出して、お水を少しずつ足しながら作業すると終わったら捨てればいいので楽チンです。付き合う大人もなるべくストレスフリーにしていかないと大変ですもんね。牛乳パックなら、終わったらぽいっと捨てて完了です。

野菜を通じて、子どもの想像力を伸ばして、創造力を養う。

こう考えると、野菜で子どもの可能性は無限大に広がっていきますね。

料理の設計図を作ってゴール設定を学ぶ

小さい頃から、自分の目標を明確にする癖をつける。小さい子どもにそんな必要はないよ、と思われる方もいらっしゃるかもしれませんが、私は子どもであっても、自分の「ゴール」を思い描くことをはじめに行うことが大切であると考えています。もちろん、何気なくやって、いいものができた！というなりゆきもいいですが、まずはゴールを決めてざっくり見通しをたてることを幼少期から当たり前に行うことができたら、その子にとっての強みに成長すると信じています。

このゴール設定、子どもにとって中々理解が難しいものです。しかし、料理を使えば当たり前のようにゴール設定をして、目標に向かった作業をすることができるようになります。

小さい頃から、「まずは目指すべきゴールを描いて、そこに向かうためのミッションを一歩ずつ踏んでいく」そんな風に考える癖をつけていきたいです。そして、この目標設定を当たり前にできることができたら、未来を自分で切り開いていく助けになると信じています。

フォカッチャ、ケーキ、パイ

（例）**お絵かきフォカッチャ**

フォカッチャの上に野菜で絵を描く。
まず初めに、フォカッチャの
設計図を描く。それを目指して作る。
ゴール設定を行い、想像力と創造力を
フル稼働させるレッスンです。

第3章

家庭で行う「料理」で学ぶ方法

EduCooking

EduCookingとは?

魔法の声かけが成功の鍵

EduCookingはEducation（教育）とCooking（料理）を組み合わせた造語です。意味はまさしく「料理“で”学ぶ」です。私は、料理を通じて子どもたちに多くのことを伝えたいです。キッチンにいると聞こえてくる子どもの「私もやってみたい」という好奇心。これをチャンスと見るか面倒と見るかで未来は全然違ってくると感じます。

親に任せてもらい料理することで得られることは、喜びや達成感、そして「できた!」という大きな自信です。EduCookingのゴールは、料理上手ではなく、子どもの人間力を高めることにあります。

料理を通じて成功体験を積むことで、「私、できる!」をたくさん実感してほしいと願っています。それがどんどん溜まって、自分自身への確固たる自信になり、努力すれば必ず達成できる、というシンプルでありながら魔法のような経験を肌で感じて欲しいです。

私は子どもに「大きくなったら何になる?」と質問することが大好きです。なぜなら、子どもの将来の夢は希望に満ち溢れてキラキラしているからです。パン屋さん、宇宙飛行士、虫博士! みんな自分が今一番好きなもの、熱中しているものを屈託のない笑顔で答えてくれます。誰一人として「野球選手になりたいけど、足が遅いので無理かな…」というようなことは考えずに頭に浮かんだ自分の好き、を堂々と宣言します。

　私は子どもに「何だって、できる力があなたにはあるよ」ということを生涯伝えていきたいです。ただ伝えるだけではなく、そのことを子ども自身が納得して、自分の持つ力を信じて欲しい。ただ、この漠然とした命題をどう伝えるか、そうなった時私はその方法として、料理をツールにできると確信しました。

　リトルシェフクッキングの料理教室では、卵を割るレシピが多くあります。
　初めて参加の2歳の男の子。安全地帯はママのお膝。そこ以外は絶対に嫌！ 初めての場所だもんね。そりゃそうだ。さて、卵を割る時が来ました。玄人リトルシェフ達は、手際よくコンコン、パシャっと次々に割っていきます。その光景を見てすっかり呆然とする親子。そして2歳の男の子も意を決して挑戦する構えになりました。するとママのお膝ではどうにも上手く卵を叩けない。「ママあっち行って」と2歳将軍の指示が入ります。そしてその子は、立ち上がり、見よう見まねでコンコン、グチャ。殻がたくさん入っちゃったけど、そんなの全然いいんです。卵を初めて持った子が、ちゃんと卵を割ることができたのです！もしかしたら先入観で2歳児が卵を割るなんて無理、だってベビーカーで移動しているまだ赤ちゃんじゃない、そう思われるかもしれません。しかし、彼らの力を信じてやらせてみれば見事に割ることができるのです。これは、子ども自身にとっても素晴らしい成功体験です。難しいと思っていたことを思い切って挑戦して成し遂げた。それこそ「ぼくできる!」の自信の源では無いでしょうか?

料理からたくさんの成功経験を積むための重要なポイントがあります。それは子どもへの「魔法の声かけ」です。リトルシェフクッキングでも、大切にしていることの一つがこの「魔法の声かけ」を必ず行うことです。子どもに卵を割らせるなんて正直ヒヤヒヤしますよね。でもその時「絶対失敗しちゃダメだよ!」と怖い顔でいうのではなく、たくさんの卵が入ったパックを見せながら「これだけあるから安心して割ってごらん」とリラックスさせる。そして、常に「できるよ!」と声に出して子どもを励ます。これだけで、子どもの緊張具合も全然違いますし、何よりできた時に、前者では「失敗しなくてよかった」と失敗前提の思考ですが、後者では「やってみたらできた!」という挑戦を肯定する考え方になります。

私は、料理を通じて、子どもが自分にたくさんの自信をつけて欲しいと願っています。そして、自らの力を信じ、未来を切り開いていける人に成長してほしい。

よくある質問に、「子ども料理の初めどきはいつ?」という声があります。ズバリ答えは、「子どもが興味を持ったらその時が初めどき」です。2歳だから早いとか、5歳ならもうやって当然、といった年齢の区切りはなくあくまでも子ども自身の興味が向いた時がベストタイミングなのです。

とは言っても、子ども料理の一歩目をどうやって踏み出したらいいの? 何だか良さそうだけど具体的な一歩がわからない…。

そんな時はサラダに使うレタスをちぎってもらうだけでも充分です。これも立派な子ども料理です。自分でちぎったサラダが食卓に上がった時の、あの自慢げな顔は可愛いものです。「このサラダ、僕が作ったんだよ? 美味しいでしょ!」と大きくちぎったレタスをみんなに配りながら大威張りで食べています。「あれ? 君、生野菜苦手じゃなかったっけ?」自分で作ったものは例外なく美味しいようで、苦手だった食材をよく食べるようになったりもします。

親の心得

完成形に囚われずに、
作る過程を大切に

ところで、子どもが作る料理、綺麗にできなくて全然オッケー！

子どもが「任せてもらって自分で作った」と感じるということが重要と捉えたいからです。

なのでこぼしたり、汚したり…それは通過点だと思って（ここが一番親として難しいのですが）ドンと構えてください。

とは言え、実は親が心配するほど子どもは料理をめちゃくちゃにしないんです。

任された自分のものを大事に扱います。

子どもの目を見ると、どんなに真剣に料理をしているかよくわかります。

親は、子どもを信頼して任せる。危ないこと以外ひとりでやらせてあげる。

このぐっと堪えた努力がが子どもの心を大きく成長させます。

そんな私も絶賛修行中。

5歳の息子の料理姿に出しそうな手をプルプルと押さえて堪えています。

「ママ！ おいしくできた！」

自信に溢れたキラキラ輝く笑顔をために、子ども達に手出しせずにがんばってみようと気を強く持ちます。

子どもと料理する上で一番大切なこと。それは…このように腹をくくることなのです。初めは汚れるし、大人が思いもしなかったアクシデントも勃発したりします。でもこれも後になったら笑い話になるはず。笑い話にできるように、親が時間と心に余裕がある時に無理せずにやることもかなり重要です。急いでいるときにゆっくり皮むきを笑顔で眺めることは絶対できない！ 何よりお伝えしたいのが、なので、初めの一歩で諦めないでください。

子どもに伝える3つの約束

料理をする上で親子の間でしっかりと約束を守ることも、円滑に楽しく料理をする下準備となります。逆にいえばこの3つさえ守れば子ども料理が成功します。その鍵を握る3つをご紹介します。

①失敗は成功の１歩前であること

これが一番大切なポイントです。子ども料理は、失敗してもいいんだよ、失敗こそ、次、成功するために必要なことなんだよ。ということを親子ともに腹落ちすること。ここは親のがんばり所です。

②料理は危ないこともいっぱい、大人のいうことを聞くこと

最後まで料理を楽しく行って、「いただきます」を迎えるためには、手を傷つけてしまっては台無しになってしまうことを伝え、料理中は必ず親の言うことを聞くことを約束する。

③諦めずに１人で挑戦してみる

難しい、やっぱりできないかも…急に心配になってきちゃった。横にはパパやママ。「これやって。」ここでバトンタッチするのではなく、成長のチャンスに変えていきたいです。失敗してもいいんだからやってごらん。もし失敗してもそこからもっと良くできるよ!」と自分の限界を一歩踏み出す勇気をつけてあげてください。そこで失敗しちゃっても、頑張った挑戦を褒めてあげてください。もちろんできたら、一緒に大喜びですね。

親は完成に完璧を求めない。頑張っているプロセスを重視する

料理は見た目が大事! と言いますが親子料理は全く逆。完成形にこだわっては、どんどん完璧さを求めてしまっては本末転倒です。子ども料理は、子どもが楽しむことが大前提。親は完成形を期待するのではなく楽しそうに作って、様々な発見をしながら料理をしているプロセスを重要視してください。なので、インスタに完成形を載せようと思っちゃダメ。載せるなら、頑張っている作業風景やその可愛らしいしい手元にしてくださいね。子どもの想像力と創造力を存分に発揮させてあげて楽しく作りましょう。

そうは言っても、初めての作業はゆっくりゆっくり進みます。ちょっとイライラしてきた時は、手元を見てはダメ。頑張っている真剣な目を見てください。それでもイライラっとしてしまったら…その場から少しの間離れるか、ぼーっと遠くを見つめて心を落ち着かせてください。

魔法の声掛け

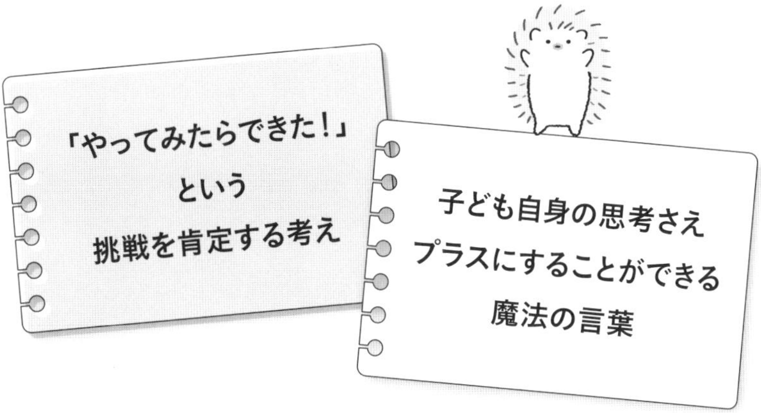

料理からより効果的に成功経験を積むために重要なポイントがあります。それは子どもへの「魔法の声かけ」です。リトルシェフクッキングでも、大切にしていることの一つがこの「魔法の声かけ」を必ず行うことです。子どもに卵を割らせるなんて正直ヒヤヒヤしますよね。でもその時「絶対失敗しちゃダメだよ!」と怖い顔でいうのではなく、たくさんの卵が入ったパックを見せながら「これだけあるから安心して割ってごらん」とちゃんと安心させる。そして、常に「大丈夫! できるよ!」

と声に出して子どもを励ます。これだけで、子どもの緊張具合も全然違いますし、何よりできた時に、前者では「失敗しなくてよかった」と失敗前提の思考ですが、後者では「やってみたらできた!」という挑戦を肯定する考えになります。

「失敗は成功の一歩前」を子どもに理解してもらうため、この声かけが大変重要な要素を担います。卵をどこかにバシャーンとした途端「ああ! もう!」と怖い顔で言ってしまっては、その瞬間全てが水の泡になってしまいます。もちろん、心の中では「あー…」と思っていても、ここはとにかく俯瞰した態度で接するに限ります。そのためにも、料理をする前、腹をくくることが大切なのです。

この声かけ次第で子どもにとっての料理の思い出がガラッと変わることもあります。以前、紫芋を使用したレッスンでのこと。最初に、蒸し器の中に入っている紫芋をみんなの前で「ジャーン」と出すと、目をキラキラ輝かせて「綺麗な色ー」と嬉しそうな顔で喜びます。でも、実際、紫芋に卵を混ぜると、黄色+紫でちょっと、というか随分微妙な色になります。でも、この微妙な色を、「嫌な色」と捉えさせるか、「綺麗な紫色が卵と混ざって、これからどんなケーキに変身するのかな? 楽しみだね!」という「ワクワクの色」と捉えてもらえるかは、大人の声かけ次第です。子どもが「変な色ー!」と声を発する前に、すかさず「綺麗な紫色と卵の黄色が混ざったケーキ、どんな味だろうね?」と大人が希望を持ったプラスの声かけをする事で、子どもの心の中にワクワクが膨らむのです。

プラスに考えるの空気感を創る、子どもが学ぶ環境として、常にこのことを意識して、子ども達が物事を前向きに捉えられるように尽力しています。

子どもは、良いことも悪いこともスポンジのように吸収します。信頼する親や先生が、良いね、綺麗だね。と前向きに捉えれば、子どもにとってもそうなります。多くの子どもに接していると、その子の口癖がプラスかマイナスか、5分もせずに判明します。

大人の前向きな声かけは、子どもの頑張る力を育てるだけではなく、子ども自身の思考さえプラスにすることができる魔法の言葉です。プラスの声かけをするために、大切になってくる前提条件が「失敗しても、全然大丈夫」。大人が「失敗してOKだよ。大丈夫」というのなら、子どもも失敗しても堂々としていられます。

私は、料理をツールとして子ども達に、そういう事を伝えていきたいと強く願っています。

キッチンが汚れるのが嫌！
そうならないための
ひと工夫

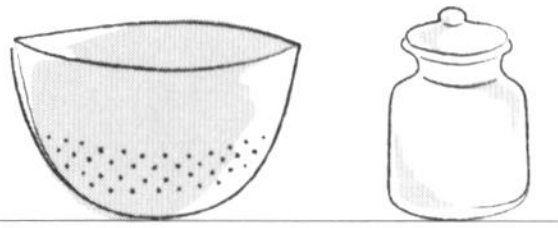

いざ、憧れていたキッチンに立つ瞬間、子どもの心はワクワクドキドキ、待ちに待った瞬間です。そんな楽しい料理、常に親から「汚さないで!」という注意を受け続けてしまっては、失敗はおろか何にも挑戦ができなくなってしまいます。かと言って、無法地帯を許容できるほど親も暇ではないのが本音。ある程度は腹を括って欲しいのですが、穏便に子ども料理を進めるために幾つかの秘訣があるのです。

① 使う道具や材料は事前に親が１人で準備

子どもがキッチンに立つとき、踏み台を使用することが多いと思います。そんな時、足元の棚からあれやこれや取り出すと、その都度踏み台から一旦降りて、物を出して、また踏み台を戻して…という作業が繰り返されてこれはしんどい。なので、まずは先に準備。結局あとでやっても物は出さなくてはならないので、この先出し作戦で随分と子ども料理の時間が平和になります。下準備で子ども料理の9割が決まると言っても過言ではないほどなので、ぜひこのポイントをおさえてみて下さい。

② 使い捨てを上手に利用

料理は作るだけではなく後片付けもあります。子どもと一緒に料理をして、疲労困憊、そんな時にシンクに溜まった大量の洗い物を見るとげんなりしますよね。そこで道具もひと工夫。使い捨てできるものを上手に利用してみてください。例えば、ピザなどの捏ねる作業は牛乳パックを開いたものを使用します。材料は、お弁当用のカップなどに計量して使う分だけ出しておくと後片付けもあっという間。お豆腐のパックも小麦粉を量っておくのに便利です。

更に最強お助け道具は、厚手のポリ袋！ これさえあれば、手を汚さないで色々なものを作ることができるのです。ポテトサラダに、餃子の種、クッキーの生地などなど手でやったらベットベトの大惨事になってしまうところをポリ袋でサクサク作れてしまいます。更にポリ袋を使えば、子どもにドーンと作業を任せてしまっても大丈夫。これなら2歳児さんだって上手に料理をすることができます。手が汚れないので、キッチンが汚れる心配がないのが嬉しいですね。

親子で一緒にキッチンに立つ時間は、かけがえのない時間です。ただ、そうは分かっていても、大変そうで一歩を踏み出せないのもわかります。ちょっとだけ子どもに料理を手伝わせてあげてみてください。「キッチンがとっ散らかると思いきや、意外と丁寧に落ち着いてできて驚いた！子どもの新たな一面だった」という声もよく聞きます。

③ 食卓でやってみる

キッチンではなく、食卓で椅子に座ってやるのもおすすめです。我が家ではピザ作りなどはいつも食卓で行っています。お昼時だと親もキッチンで作業したいので、準備した材料を渡して「あとはご自由に～」というように自分の好きなように作ってもらいます。全て任せてしまうのは怖いかもしれませんが、自分の食べるものを雑に扱うことはなく、とても丁寧に慎重に作業します。料理教室でも座って作業しているので、子どもにとって椅子と机で料理をするのは楽な姿勢なようです。

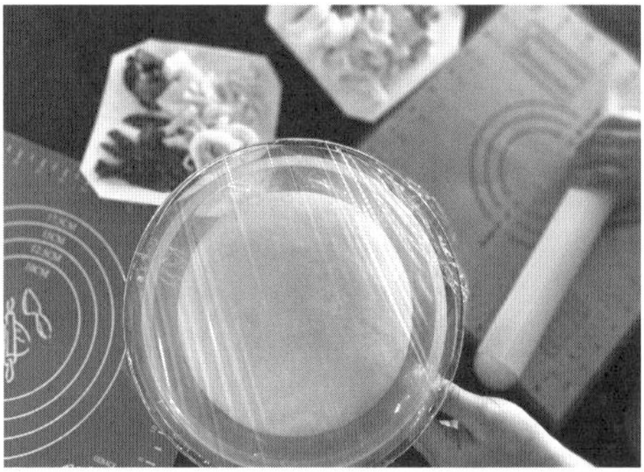

兄弟で役割をめぐって
喧嘩勃発！を防ぐ
たった一つの方法

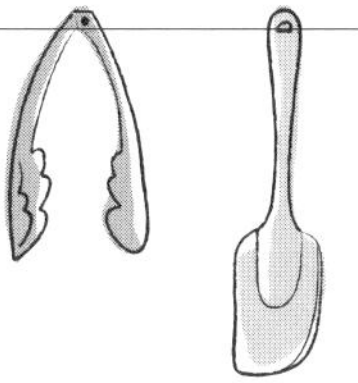

普段から10分おきに喧嘩しているのではないか…というような状況、皆さんはいかがでしょうか？ 我が家は3歳違いなのですが、もうひっきりなしに大げんかしています。そんな2人が料理をする時、必ずと言っていいほど守らなくてはならない鉄の掟があります。

それは、1人1個ずつ作ること。いわゆる調理実習スタイルだと喧嘩勃発。かなり危険な状態になります。一見、1個だけ作る方が、準備も楽だし手軽そうに見えるのですが、2人で一個を取り合う壮絶な戦いが待ち受け、順番待ちでイライラし、どっちが混ぜるのが何回多かったかで喧嘩し、どの作業を誰がやるかで揉め、せっかくの時間が親もフラストレーションが溜まりまくる結果となってしまいがちです。

これら全てを回避するには、兎にも角にもそれぞれ用意すること。たったこれだけで、皆が満足して平和になります。

道具はどこで揃えるの?

子ども用の道具なんて特別なものが必要なんじゃないの? と思われるかもしれませんが、心配ご無用すぐに調達できます。本当は本当は秘密にしておきたいけど…たくさんの子ども達に料理をして欲しいのでご紹介します。

そして、初めての場合は子ども用のレシピがとっても大切。大人用のレシピを簡単にするのはなかなかむずかしいもの。更に量が多いので、小さな子どもの手で作るに量が多いと難易度がぐーんと上がってしまいます。

道具を揃えると子どもも専用道具に大喜びです。

絶対に必要なもの

銀ボウル　¥108
直径18cm　深型フリーボウル
購入場所：セリア

白小皿（3個セット）　¥108
79×79×38mm
レンジ角豆鉢3枚組
購入場所：セリア

ゴムベラ　¥108
購入場所：ダイソー

泡立て器　¥108
購入場所：ダイソー

あったほうが便利なもの

シリコンマット　¥108
購入場所：ダイソー

スケッパー　¥108
購入場所：Can Do

初めての卵割りに挑戦！

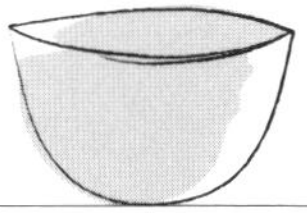

初めての卵割り、具体的な方法をご説明します。皆様のお子様は、卵を割ったことがありますか？ 初めての卵割り、とっても緊張しますね。では早速ステップを踏んでいきましょう。

① まずは卵をコツコツする場所

ボウルなどの縁で割る？ それとも平らな場所で割る？ 実は、子どもが卵を割る場合、平らな場所にて割る方がやりやすいです。縁で卵を割ると、殻が細かく割れてしまって、ボウルに殻が入った時、小さな殻を回収するのが大変です。でも、平らな場所で割ると、ヒビが大きく入って割れるので、卵の中に殻が入ってしまってもすぐに取れることができるんです。なので、ぜひ平な場所でやってみてください。

② 次は「コンコン」と卵にヒビを入れます。

強すぎるとぐちゃっと割れちゃうし、弱すぎると卵が割れません。ここが一番難しいところ。根気よく眺めていましょう。

③ 無事にヒビが入ったら、そこに両手の親指をぐっと入れます。

この時、親はボウルがちゃんと子どもの目の前にあるかちらっと確認。これ大事。

④ 最後に、ボウルの上で優しくパカっと両方に開きます。

これで卵割りは完了。ボウルの位置が遠いと、膝の上に割り落としてしまいます。「そんなことないでしょー」と感じると思いますが、ボウルの位置を忘れてしまってつい膝の上に割り入れて床にボチョンということ、失敗のうちの9割このパターンですので、「ボウルはおへその前」に配置して万全を期してください。

あとはとにかくリラックス。緊張しすぎると中々上手にできないので、怖がらなくても大丈夫だよ、失敗しても大丈夫だよ、と勇気づけてあげてください。私はよく、「卵は、まだこーんなにあるから失敗してもOK」と卵パックを見せています。

火を使うときの約束

初めてのフライパン

　小さなおもちゃのキッチンで豪快なフライパンさばきを披露する小さな背中。ふわふわの手で差し出されたおもちゃの盛り合わせに「あーむ。美味しい!」こんなやりとりを誰もが経験したことがあるのではないでしょうか?

　子どもにとってフライパン調理は、ぱっと目を引く魅力的なもの。だからこそ、「本物を使いたい」と憧れを抱いている子どもは多いのです。

　リトルシェフクッキングでは「初めての炒め物」レッスンがあります。そこでは、さっきまで大騒ぎしていたやんちゃボーイも、レッスンが始まるとぴっと背筋を正し、真剣な眼差しで火を使うときの約束に耳を傾けます。いざフライパンの前に立つと、緊張に顔を高揚させて、息をするのを忘れるほど真剣にフライパンを扱います。

　ふざけて怪我をしたら困るな…当然、大人にはそんな心配が募りますが、今までフライパン調理中にふざけた子どもは1人もいません。もちろん怪我もゼロです。

どうして、このような集中力を発揮して安全に作業できるのかというと、全ては「火を使うときの約束」にあります。子どもに課した本物を扱うための条件は、まさにこの約束を理解し守ること。なので、初めて火を使う際は、約束を話し合う時間をとってください。ちょっと面倒、と思われるかもしれませんが、後々、炒め物中にあれやこれや注意したり、怪我をしてしまうより要領がいいです。火の危険を理解した上で本物を作る喜びを感じる。これこそが安全に楽しく炒め物をする秘訣なのです。

こちらがその約束です。

火を使うときの約束

① 大人と一緒に料理する

② フライパンの持ち手は絶対に離さない
（怖いことは、フライパンの熱い中身がかかること）

③ フライパンの時は真剣に！

子どもにこのようにお話しをしています。

① 一番大切な約束はパパやママがいない時に、喜ばせてあげようと思う優しい気持ちでご飯を作ってあげたい！ と思うかもしれないけど、火を１人で使うのは絶対にやめようね。火は子どもが１人で使うと危ないんだ。

②フライパンの持ち手は離してダメだよ。火傷で怖いのは、フライパンの縁に手が当たってしまうことよりも、フライパンの中身が自分の方にこぼれてしまうこと。だからフライパンがぐらつかないように、持ち手はずっと握っていようね。

③フライパン隊長に任命されたキミを信頼しています。なぜなら、フライパンには危険があるから。フライパンを扱えるのは、真剣に取り組む勇者だけです。一歩間違えると家が火事になったり誰かが怪我をしてしまうので、誰よりも真剣にフライパンを扱ってください！」

ところで、もちろんですがいざやるとなったら怖がる子どももいます。そういう時は無理せずに。「やりたい！」という好奇心が恐怖に打ち勝つ時がきたらまた挑戦してみてください。

子どもにとってのフライパンは、自分でも家族の食卓を賄うことができる魔法の道具です。そして、炒め物のような危険を伴う作業は、とんでもなく集中力が高まり子どもの能力が引き出されます。かつてのおままごとが本物になる体験をしてみてください。

包丁を使う時の約束

初めての包丁

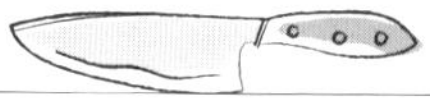

「包丁っていつから使わせていいの?」包丁についての質問を多くいただきます。怪我をする恐れがある包丁。見守る大人はとてつもなく緊張します。今回は、包丁の教え方の方法やコツについてお話しします。

まず始めに、包丁を使い始める時期について。私は、子どもが「やってみたい!」と興味を持った時こそ挑戦してみるタイミングであると考えています。年長さんになったから、など年齢で決めて始めることもありませんし、興味を持って触ってみたものの、「やっぱり怖い!」となったら、また心の準備ができるまで時間をあけてからでいいと思っています。大切にしたいことは、火と同様に、子どもが「挑戦したい」という勇気と好奇心が芽を出し、それが恐怖を上回ったタイミングです。

とは言うものの、包丁は一歩間違えたら大怪我に繋がる危ない道具です。好奇心だけでは、まだGOサインは出せません。もう一つ大切なことは、子どもの「聞く力」が養われているかどうかです。包丁を扱う前に、親子で包丁を使うときの約束をしてください。この約束の話を聞いて、理解して、守る、ことができて初めて包丁を扱う準備が整ったと考えています。

その約束とはこちら。

包丁の約束

① 人に向けない
② 大人と一緒に使う
③ 刃の部分を触らない
④ 左手の親指に注意
⑤ 猫ちゃんの手
⑥ 包丁を置く時、刃先を奥に向ける

リトルシェフクッキングでも、「初めての包丁レッスン」を行ないます。そこでも、この6つの約束はみんなで一緒に確認をしてからレッスンを始めます。包丁を扱う前に、この包丁の約束をしっかり学ぶことで、子どもにも適度な緊張感が生まれ、実際に包丁を扱う際に真剣に取り組む仕組み作ることができます。

約束を学んだ後はすぐに本物を握っての実践です。

恐る恐る初めての包丁を握り、ドキドキしながらも、しっかりと約束を守って包丁で食材を切ります。

ここで見守る保護者の方へのワンポイント！ それは、一度切り始めたら、ドーンと構えて必要以上に子どもに恐怖を与えないこと。正直な話、内心ヒヤヒヤもしますが、「上手だね。ゆっくり丁寧に切れていてすごいね」と、落ち着いて作業できる雰囲気を作ります。「とにかく焦らずゆっくり作業してー!」というメッセージを褒め言葉の中に濃縮させて、たくさん褒めながら落ち着いて見守ってあげてください。小さい子や怖がる場合は、後ろから手を添えてあげると安心です。

さて、包丁購入時によく相談を受けることがあります。それは、プラスチック製とステンレス製のもの、どちらが良いのか? という質問。賛否両論あると思いますが、私は切れ味の良いステンレス製をお勧めします。良く切れる包丁の方が、包丁の正しい切り方を習得できるので、変な癖がつきにくいです。お箸や鉛筆と同様に、はじめの正しい扱い方は重要です。プラスチック製もステンレスほどまでとはいきませんがそれなりに危険です。しかし食材をあまりよく切ることができないので、子どもが力任せに切ろうと躍起になった時、思わぬ怪我が起こってしまう可能性があります。ステンレスの方はよく切れるので、「なんとかして切ろう!」と言う気持ちよりも「安全に扱おう!」と言う意識の方が強く働くので、子どもはゆっくり丁寧に扱います。しっかり切れる包丁で、「包丁の切れ味」を体感し、安全な使い方を習得することが大切だと思っています。

ただこれは、私の考えなので、ご家庭で話し合いお子様にぴったりの包丁をお選びください。

どんなに丁寧に扱っても、やっぱり小さな怪我はつきものというのも事実。できる限り未然に防ぎたいですが、怪我を以て包丁の危険性を幼子心に体感することも学びの一つであると思っています。小さな怪我から学んだ結果、大きな怪我を防ぐと考えるからです。危険なものの扱い方を知らず、安全地帯から抜けずに大きくなる方が私はよっぽど心配です。

初めて切る食材は、柔らかくスッと切れるものが作業しやすいです。コロコロ動かないように縦半分に切ったバナナやきゅうり、茹でた人参などが適しています。慣れないうちは、無理に硬いものは切らず、柔らかいもので練習してくださいね。

最後に、包丁を使う時に特に気をつけて欲しいこと。
それは、「包丁は自分で洗わないでね」と必ず伝えること。包丁を使う時は気が張っていても、洗う時はふと気が緩みます。そして、意図せずに刃先を洗ってしまう…考えただけでもゾッとする大怪我に繋がってしまいます。子どもに包丁を洗わせず、「包丁を洗うのは大人のお仕事」とお話ししてみてください。

包丁が一緒に使えるようになると、料理の幅がぐんと広がります。子ども自身も勇気を出して挑戦することで、達成感と自信がぐーんと育まれます。

生肉を使うときの約束

初めてのお肉

生のお肉を使う料理、子どもに生肉を使わせるのって、ちょっと心配ですよね。なぜならば、そのまま食べてしまったら…いくら新鮮なお肉でも子どもが生まで食べるのはお腹を壊してしまう場合があるので絶対にダメです。生肉を使用した料理をする時も親子ともに緊張感を持って調理をしていきたいと思います。

初めて、子どもが一緒に以下の生肉を扱う時の約束事を真剣に話し合ってから開始してください。

お肉の約束

① 生肉を絶対に口に入れないこと

② 生肉に触れた手で何かを触ってはいけないこと

③ 生肉を使った後はしっかり石鹸で手を洗うこと

④ 生肉を触る片方の手を決める

子どもに説明する時はこのようにお話してみてください。

① お肉には、目に見えない小さなウィルスなどがいて、それを食べてしまうとお腹を壊してしまいことがあるので、絶対にお口に入れてはダメだよ。お肉を触った手には洗い流すまでそのウィルスがいるから、その手を舐めるのもダメだよ。

② お肉を触った手にはウィルスがいるね。ではその手で、ほかの場所を触ったらどうなるかな？ 例えばドアノブとかまな板とか。ウィルスがお引越ししてそっちに行っちゃうね。そうなると、次にウィルスがお引越しをしていることを知らない人がそこを触ったら、知らないうちにその人に悪いウィルスがついてしまうね。だから、手を洗うまでは他の場所を触ってはダメだよ。

③ 悪いウィルスは石鹸で綺麗に流せるから、お肉を使った後は泡を立ててしっかり洗い流そうね。

④ 両手でお肉に触らないでお肉の手を片方の手に決めようね。それでどこでも触れる綺麗な手を片方残しておいてね。だって両方に悪いウィルスがついちゃったら、もう何もさわれなくなっちゃうもんね。

⑤ に関しては、私が生肉を捏ねるのを見せながら、「おっと！ 醤油入れ忘れちゃった！」と言ったあと、捏ねてない手で冷蔵庫を開けて「こっちの手は綺麗だから冷蔵庫から、お醤油出せて楽ちん～♪」とわざとらしくデモンストレーションを行って子ども達に認識してもらいました。この「捏ねるのは片方の手」をしっかり理解してもらうことで、この後

の生肉コネコネでの大惨事を未然に防ぎます。とっても重要項目です!

これらの理解がまだ難しいの小さな子どもや、ふざけてしまって言うことを聞かない場合は危険なので、またタイミングを見計らってトライしてみてください。意外に思われるかもしれませんが、このように緊張感を持って調理しなければならない作業、子どもは俄然やる気を出す場合が多いです。親が危険を伴う作業をやらせてくれる、という信頼の気持ちが一人前に認めてもらったという喜びがあるようです。

我が家の息子3歳の時に、餃子作りで生肉デビューしました。

いつもは、娘(当時6歳)が生肉を混ぜる係だったのですが、そろそろ理解できるかと思い、約束を話したところ、真剣な眼差しで頷きます。いつもはおふざけボーイですが、「生肉を手で混ぜる」作業にずっと憧れていたようで遂に自分もできると期待に目が輝きます。

恐る恐る手を入れた途端、「冷たいー!」っと叫びます。室温に戻しておくのをすっかり忘れていて、冷蔵庫から取り出してすぐだったことを反省。そのまま、少しむにむにしていましたがすぐに、「もうおしまい!」と手を洗いに行きました。あれ? 思ったより楽しくなかった? この様子じゃ、しばらくはやりたいって言わなそうだな、と思いました。ところが、夜眠りにつくその瞬間まで「僕、もうお肉できるから! お約束は食べちゃダメ!」などと自信満々に話していました。またやりたいみたいです。

さて、生肉をコネコネして肉だねが完成したら、餃子を包みます。

餃子の皮をそれぞれお皿に入れ、それとは別に餃子を包む時に使用する作業用の皿も各々に渡します。子どもの手では餃子の皮を片手に持って作業するのは難しいので、作業用のお皿はあると便利です。

一応始めに、餃子の包み方をレクチャー。スプーンを使用して肉だねをとり、ヒダを寄せながらくっつける。と一通り教えますが、自由にやってもらいます。困ったら声をかけてね、という具合に子どもに完全に任せてしまいましょう。自分でどんどん試行錯誤してもらいます。暫くすると、「皮が破けちゃったー」とヘルプが入りました。皮が破けたならそれを活かして何を作る？ 今回は、親が皮を千切りにして、肉だねを丸めたものを千切りの皮の上をコロコロ。すると花餃子の完成です。

親子クッキング成功の秘訣は、完璧な見た目の料理を作り上げることより、作っているそのプロセスを大切にするということ。そして、たとえ失敗しても絶対に責めるのではなく、「失敗は成功の一歩前だね。次どうやってこの失敗を活かそうか」と一緒に考えることなので、やぶけても全然大丈夫です。

姉弟作の餃子、夕飯時に家族全員でいただきます。

普段なら嫌がるニラが入った餃子を、取り合いながらムシャムシャ食べて、「おいしーねぇ」と幸せそう。

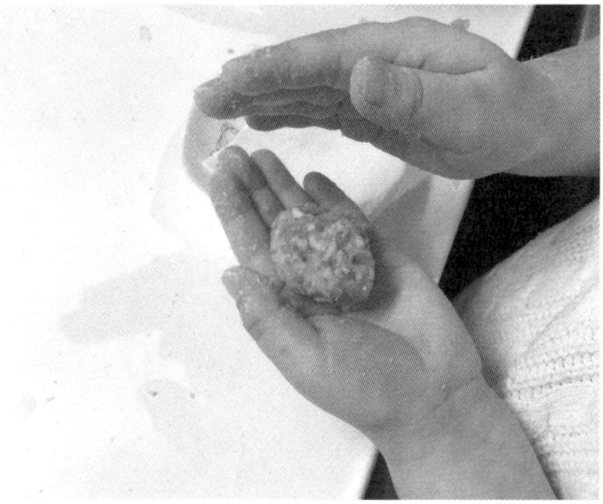

好き嫌い克服法

「どうやったら嫌いな食べ物を食べてくれるの?」やはり親にとって不安のタネですよね。偏食気味だったり、どうやっても緑の野菜が食べられなかったり…親として頭を悩ませられます。もちろん私もその１人。

その解決方法、どうしたらいいの?

まず大前提に「無理やりに嫌いな食べ物を食べさせてはいけない」これを守りたい、と考えています。そして、克服するためには、子どもがその食べ物がの「嫌い」な理由にしっかり向き合って解決することを大切にしています。

一言に食べ物の嫌い、と言っても原因は様々。味が嫌い、食感がダメ、匂いが苦手など生理的に無理、というものから、「お友達やテレビで誰かが言っていたから、なんとなく私も嫌い」、という精神的なものまで。この時点で克服法は一筋縄ではいかないことがわかりますね。

子どもも様々な思いで「嫌い!」と思っているある一定の食べ物。単に「体にいいから食べなさい!」と言うよりも、子どもがその食べ物の何を、どんな部分を嫌がっているのか、それを知ることが解決につながると思っています。

そして、その食べ物の苦手を究明するヒントになるのが自身の幼少期の記憶。私は、玉ねぎと肉が苦手でした。例えば、チャーハンなどに入っている大きめの玉ねぎが嫌い。柔らかいご飯の中に突如現れるシャキって食感が堪らなく苦手です。

肉の匂いも嫌い。脂のぶよっとした食感も、逆に噛みごたえのある肉も苦手です。多分、人よりも、食べ物の匂いや食感に過敏に反応します。だから、自分で料理する時は、玉ねぎを柔らかくなるまで拘って炒めるし、肉の臭い消しのための下処理は料理の一番大切な工程だと思ってます。更に、肉を焼く時は、水分を逃さないように片栗粉で覆うか圧力鍋やホーロー鍋で箸でも切れるくらいに調理します。ちょっと面倒ですが、これをしないと食べたくありません。大袈裟ではなく本当に苦手なんです。

でもこれ、大人だから原因をある程度自己分析して言葉にできます。しかし子どもには、まだどうしてその食べ物が嫌いなのか、その理由が自分では分からない場合も多いです。

ある女の子、肉がどうしても苦手で食べられない子がいました。その子と話していると、どうやら嫌いな理由は肉の匂いや食感のような感じがしてきました。

そこで、鶏肉のささみを柔らかく調理できる料理をお伝えしました。このレシピならとっても美味しくささみを食べることができます。とにかく肉が柔らかく仕上がるので、肉嫌いの子の初めの一歩にぴったり。よし、レシピはこれでOK。

お肉大好き!　ささみときゅうりのザーサイ和え

材料	
ささみ	4本
きゅうり	3本
ザーサイ	1/2瓶
塩	小さじ 1/2
ごま油	大さじ 1/2
仕上げ塩	ひとつまみ
すり白ごま	小さじ 1/2

❶ 赤ささみを茹でる。
鍋に1リットルの水を入れて
沸騰させたら、ささみを1本ずつ入れて、
再沸騰したら火を止める。
ふたをして8分間余熱で火を通す。
8分経過したら、皿にささみを取り出し、
粗熱を取る。手で触れるくらいの
温度になったら、ささみを小さくほぐす。
この時に筋を取り除く。

❷ きゅうりはスライサーで薄くきる。
ザーサイはお好みの大きさに切る。
きゅうりに小さじ1/2の塩を振り、
5分ほど置いて水分を出したら、
ギュッと絞る。

❸ ①②をボウルに入れたら、
ごま油と白ごまを加えて和える。
最後にザーサイを加え、
ひとつまみの塩で味を整える。

ところがここでもう一つ問題があります。「私はお肉が嫌い!」とすでにインプットされた子どもに、如何にして肉を食べてもらうか。これのマインドを克服する必要もあります。

ここで紹介したいのが、一緒に作って味見しちゃう「はらぺこ大作戦」です。

料理をしているうちに、だんだんお腹が空いてきて、しかも自分で作っているものが何だか美味しそうに見えてきた…という子ども、その場でパクッと一口食べてもらう作戦です。

このレシピでは、子どもに荒熱をとったささみを割いてもらいましょう。その時に、「これね、お肉がとっても柔らかくなる方法なんだって！食べるの楽しみだね。」とワクワクした気持ちを子どもに与える声かけを行ってください。材料を全て混ぜ合わせたら、すかさず「ちょっと味見してみる？」ご飯の前ですが、せっかく一緒に作った料理、ちょっとだけ味見。いつもとは違う雰囲気に子どもも目をキラキラさせて喜んでくれます。一緒に味見したら、わぁ！っと驚いた顔で「〇〇ちゃんお作ったお肉、美味しいね！」と褒めまくる。

我が家での好き嫌い克服方法はこんな感じです。

STEP1 嫌いな食材、その理由を考える

STEP2 嫌いを取り除く方法を見つける

STEP3 一緒に作って味見作戦で食材に慣れさせる

長い道のりに見えるかもしれませんが、無理に食べさせるより効果があります。

好き嫌いを克服するためやっちゃダメだな、と思っていることは、前述の通り、嫌いな食べ物を無理に食べさせること。無理やり食べさせている時間ってもったいないな、と感じているからです。涙を流しなが

ら無理に食べる、それは子どもにとって辛い思い出となってしまいます。その瞬間は泣きながらも頑張って食べたとしても、その後永遠に食べなくなる可能性だってあります。
好き嫌いで大切なことは、その子がどうして嫌いなのか、親も向き合って真剣に考えてみることだと思っています。肉などは、臭みや食感をクリアすると驚くほどあっという間に食べられるようになったりもします。逆に生姜など癖のある食材はその食材の味に徐々に慣れさせてあげるといつの間にか食べられるようになります。

子どもの好き嫌いを克服する解決するには、食材一つ一つ克服していくしかりません。一朝一夕にというより、気長に。1年に2、3個でも嫌いな物が克服できたら万々歳なのではないでしょうか。そう考えたらゆっくり向き合えると思います。そして子どもが食材の「嫌い」な理由がわかったら、その嫌いな理由をできる限り解決できる調理法で提供できたらいいと思います。目下、私の課題は、8歳の娘の生姜を克服することと、5歳の息子のトマトを克服すること。どうやら娘は生姜のツンッという風味が嫌なようですが、牛肉のしぐれ煮に入れたら食べられることがわかりました。息子はトマトにちょっとの塩と蜂蜜をかけると好きみたい。でもまだまだ食べてくれる時とダメな時があるので、「はらぺこ大作戦」を実行中です。

好き嫌い克服、残念ながら魔法のような近道はないと思います。でも、子どもも「嫌い」についてよく考えてみること。そんな時間も子育てのかけがいのない時間になるのではないでしょうか？
子どもが大きくなった時、ふと昔子どもが嫌いだった食べ物を見て、小さかった頃を思い出す日が来るかもしませんね。

Little Chef
Cooking

第4章

EduCooking レシピ

「コンコン、パシャッ」とやってみよう！

卵のわりかた

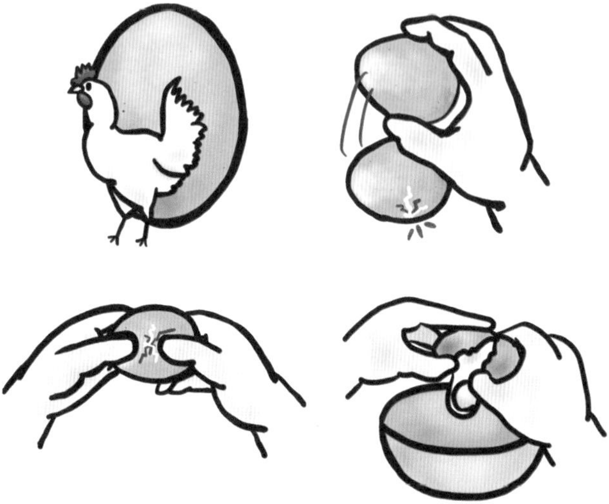

材料

卵

わりかた

❶ 片手で卵を持ち、
平らな面に卵の真ん中を
コンコンとあててひびを入れる。

❷ 両手の親指を
ひびが入った部分に
少しだけ入れる。

❸ そのまま力を入れて、
たまごの殻を開く。

バター不使用で作る

さくさくスコーン

材料

直径 3cm　8 個分

A 薄力粉	80 g
A ベーキングパウダー	小さじ 1/2
豆乳	大さじ 3
米油	大さじ 2
お酢	小さじ 1/2
砂糖	大さじ 1

作り方

1. ボウルに豆乳、米油、酢、砂糖を入れて、とろみがつくまで混ぜたらAを加え、ゴムベラでさっくりと混ぜる。ある程度まとまったら、手で生地をボウルの中でひとまとめにする。
2. 台と生地に打ち粉をしたら麺棒で子どもの両掌ほどの大きさにのばす。
3. ②の生地を半分に折りたたみ、もう一度弱い力で麺棒を使い、10cm×20cmほどの大きさになるまでのばす。
4. スケッパー、もしくはナイフで、生地をお好みの大きさに切る。
5. クッキングシートの上にスコーンを並べ、200度に予熱したオーブンで13分焼く。

発酵しないですぐ作れる！

クリスピーピザ

材料

直径 20cm　2 枚分

A 薄力粉	50 g
A 強力粉	20 g
米油	大さじ 1
豆乳	大さじ 3
お酢	小さじ 1/2

トッピング

材料と量はお好みで変更ください

コーン	15g
サラミ	スライス 8 枚
ピザ用チーズ	20g
オリーブ	4 粒

マリナラソース

トマト缶	20g
玉ねぎ（みじん切り）	大さじ 1
ケチャップ	小さじ 1
塩	ひとつまみ

作り方

❶ マリナラソースを作る。フライパンに油をしき、玉ねぎを炒める。しんなりしてきたら、トマト缶、ケチャップ、塩を入れて一煮立ちさせる。別容器に移しあら熱を取る。

❷ ボウルに豆乳、米油、お酢を入れて、とろみがつくまで混ぜたらAを加え、ゴムベラでさっくりと混ぜる。ある程度まとまったら、手で生地をボウルの中でひとまとめにする。生地をボウルから出し、表面が滑らかになるまでよく捏ね、2等分にする。

❸ 2枚の生地を麺棒で直径20cmほどまでのばしたら、生地を天板に敷いたクッキングシートの上に置く。マリナラソースをぬり、その上に具材を好きなようにトッピングする。最後にチーズをのせて220度に余熱したオーブンで、13分焼く。

冷やさなくても型抜きできる!

クッキー

材料

直径 3cm クッキー
10 枚分

薄力粉	60 g
砂糖	大さじ 1
溶き卵	大さじ 1
バター	15g

作り方

① バターを耐熱皿に入れて、
電子レンジ（600w）15秒加熱して
溶かしバターを作る。

② ボウルに溶かしバター、砂糖、溶き卵を
入れて泡だて器で混ぜ合わせる。
薄力粉を加えゴムベラでさっくりと混ぜ
ある程度まとまったら、手で生地を
ボウルの中でひとまとめにする。

③ 台と生地に打ち粉をしたら麺棒で
子どもの両掌ほどの大きさにのばす。
生地を型抜きして、天板の上にしいた
クッキングペーパーの上に並べたら、
180度に余熱したオーブンで、16分焼く。

カスタードクリームで作る

滑らかプリン

材料

1人分

カスタードクリーム

卵黄	1つ
砂糖	30 g
薄力粉	10 g
牛乳	100cc
ゼラチン	1 g
冷水	小さじ 2
牛乳	50cc

作り方

1. ゼラチンの下準備をする。冷水（冷蔵庫で10分ほど冷やす）にゼラチンを振り入れ、冷蔵庫で10分冷やす。ゼラチンが水分を吸収したら、電子レンジ(600w)で20秒加熱して完全に溶かす。
2. カスタードクリームを作る。卵をボウルに割り入れたら、黄身を耐熱皿に入れる。泡立て器で軽くほぐしてから砂糖を加えて白っぽくなるまですり混ぜる。
3. 薄力粉を入れ粉っぽさがなくなるまで混ぜる。牛乳を3回に分けて入れその都度よく混ぜる。
4. ③にふんわりとラップかけ、電子レンジ（600w）で1分半加熱し、取り出して混ぜる。さらに50秒加熱したら均一になるまで混ぜる。
（注意：ラップを外す際、火傷に注意してください。）
5. 温かいカスタードクリームに①のゼラチンを入れ、泡立て器でしっかり混ぜる。牛乳を3回に分けてれ、その都度よく混ぜるたら器に入れ、冷蔵庫で30分以上冷やし固める。

ドーナツ型で作る

メープル焼きドーナツ

材料

ドーナツ型 2 個分	
卵（Sサイズ）	1つ
上白糖	大さじ 1
メープルシロップ	小さじ 1
牛乳	小さじ 1
バター	5g
薄力粉	25g
アーモンドパウダー	小さじ 1

作り方

1. バターを耐熱容器に入れ、ふんわりラップをして600wで10秒加熱する。
2. ボウルに卵を割り入れ、上白糖、メープルシロップを加えてすり混ぜる。牛乳、溶かしバターを順に入れ、その都度混ぜる。
3. 薄力粉、アーモンドパウダーふるい入れ、粉っぽさがなくなるまでゴムベラでさっくりと混ぜる。
4. ドーナツ型に流し込み、180℃に予熱したオーブンで18分焼く。焼き上がったら、型から出し粗熱を取る。

チョコ不使用だから安心

ブラウニー

材料

11cm×6cm×6cm 型 1個分	
薄力粉	30 g
卵	1 個
バター	20 g
砂糖	大さじ 2
練乳	小さじ 1
くるみ（手で割る）	10 g
ココアパウダー	大さじ 1
ベーキングパウダー	ひとつまみ

作り方

1. バターを耐熱容器に入れ、ふんわりラップをして600wで15秒加熱する。
2. ボウルに卵を割り入れ、砂糖を加えてすり混ぜる。溶かしバター、練乳も加えて泡立て器で混ぜる。
3. 小麦粉、ベーキングパウダー、ココアパウダーを加え、ゴムベラに持ち替えて粉っぽさが無くなるまでさっくりと混ぜる。
4. 型にクッキングシート敷き、③を流し入れたらクルミを割り入れる。
5. 190度に余熱したオーブンで、16分焼く。焼きあがったら、型から出してケーキクーラーに置いて粗熱を取る。

大豆ってすごい

お豆腐パウンドケーキ

材料

12.5 × 6.3 × 4.5cm の
アルミ型 1 台分

薄力粉	60g
ベーキングパウダー	6g
卵	1 個
砂糖	大さじ 3
豆乳	大さじ 1
木綿豆腐	30g
米油	大さじ 1
おから	40g
白胡麻	小さじ 1

作り方

1. ボウルに卵を割り入れ、砂糖を加えてすり混ぜる。米油、豆乳、豆腐、白ごまを順に加えて混ぜ合わせたら、おからを加えてよく混ぜる。
2. 薄力粉とベーキングパウダーを加え、ゴムベラに持ち替えて粉っぽさが無くなるまでさっくりと混ぜる。
3. ②を型に流し入れたら、180℃に予熱したオーブンで、竹串を刺して生地がついて来なくなるまで、25分焼く。

フライパンなしでOK！

パングラタン

材料

1人分	
食パン	1枚
しめじ (石づきを切り小房に分ける)	10本
ツナ缶	20g
コーン缶	15g
ピザ用チーズ	20g
塩	少々
こしょう	少々
ホワイトソース	
バター	10g
薄力粉	10g
牛乳	100cc
コンソメ	小さじ1/4

作り方

1. 耐熱ボウルにバターと薄力粉を加えて、ふんわりとラップをして、電子レンジ（600W）で20秒加熱して取り出す。コンソメを加えて泡立て器で粉っぽさがなくなるまで混ぜる。
2. 牛乳を3回に分けて加える。（都度よく混ぜ合わせる）ふんわりとラップをして電子レンジ（600W）で1分半加熱する。
3. 再び取り出したら、泡立て器でよく混ぜてからもう一度ふんわりとラップをして、さらに電子レンジ（600W）で20秒加熱する。最後に塩こしょうで味を整える。
4. 食パンをひと口大にちぎり耐熱皿に並べ、③、しめじ、ツナ、コーン、ピザ用チーズを盛り、オーブン200度（もしくはトースター）で12分焼き色がつくまで焼く。

揚げずに作る

焼きコロッケ

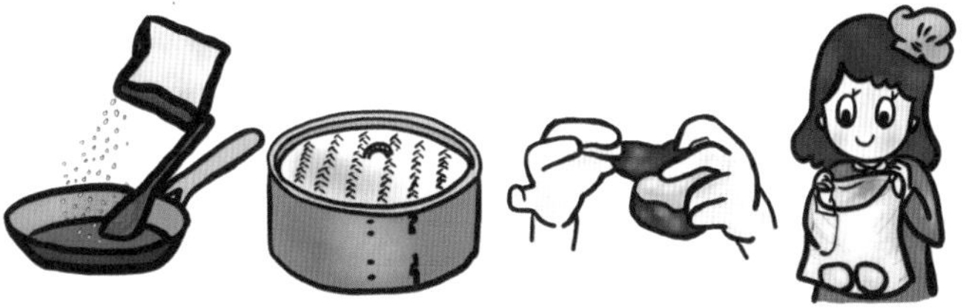

材料

1人分	
じゃがいも	2個（約100g）
タマネギ	10g
砂糖	小さじ1
醤油	小さじ1
薄力粉	大さじ1
卵	1個
パン粉	大さじ3
塩	少々
油	大さじ1/2

下準備（大人）

1. じゃがいもの周りに、包丁で2周十字になるように3㎜程の切込を入れ鍋に入れる。ひたひたの水を注ぎ強火にかける。沸騰後、蓋をして弱火で皮がめくれ上がるまで30分ほど煮る。ザルにあげ、手で触れるくらいになるまで粗熱を取る。
2. タマネギはみじん切りにする。

作り方

1. パン粉を作る。パン粉と塩を油を敷いたフライパンできつね色になるまで炒める。
2. 卵液を作る。大きいボウルに卵を割り入れ、泡だて器で混ぜる。
3. コロッケを形成する。じゃがいもの皮を剥き、厚めのポリ袋に入れて潰したら、タマネギ、砂糖、醤油を加え良く揉みこむ。三等分に分けて形を整える。
4. ③に小麦粉、溶き卵、パン粉の順に衣をつける。天板にクッキングシートを敷き、コロッケを並べたら、220度に予熱したオーブンで15分焼く。

おわりに

最後までお読みいただきありがとうございます。私は、娘が2歳のイヤイヤ怪獣の時に卵を手渡したのがきっかけで、子ども料理の可能性を見出しました。それまでは、「2歳児には卵割りなんて絶対無理!」と勝手に娘のハードルを定めていました。ところが、親の固定概念をひっくり返し、娘は1週間も立たないうちに見事に卵を割れるようになりました。実際、経営するリトルシェフクッキングでは2歳児さんから参加が可能です。その理由は、2歳児さんであっても料理がしたい、その気持ちさえあれば料理を最後まで遂行することができるからです。親が子どもの能力の幅を決めるのではなく、子どもが自分の可能性を切り開くことの大切さを、私は料理を通じて身をもって実感しました。

そして、子どもと料理をしながらもう一つ大切なことに気がつきました。それは、完璧さを求めないということ。知らず知らずのうちに、子どもに対して「綺麗に」作ってほしいという欲が生まれてしまいますが、この大人目線の「綺麗に」が曲者。

料理は完成形の見た目が大事! と言いますが、子ども料理は全く逆、と考えています。結果ではなく、頑張っているプロセスそのものを大切にすることこそ子ども料理です。料理をしていると、どうしても子どもの手では難しい場面に多々遭遇します。その度に完成形の美しさを求めて、親が手出ししてしまっては、確かに完璧な見た目ですが子

ども自身の挑戦する意欲は低下してしまいます。それよりも、多少見た目は悪かったとしても、挑戦して、失敗もして、それでも頑張って、やっとの思い出完成した！ そんな自分のありったけの力を振り絞って作った料理は、子どもにとって世界で一番美味しいのではないでしょうか。

子どもが自分の力で、自分のペースで、自分の時間でゆっくりと。私が子ども料理をする時に大切にしていることです。

そうは言っても、せっかく親も頑張って料理の機会を作ったのだかから、何としてでも記録に残したい！ そう思うのももっともです。私は、完成形よりも、頑張っている作業風景や、その可愛らいしい手元を写真に撮ることをお勧めしています。一生懸命に小さな手を動かして、真剣な目と動くたびに揺れる紅潮したほっぺたは、たまらなく可愛いです。料理をしていると、親も驚くほど子どもは集中します。その、一生懸命な様子をぜひおさめてほしいと願っています。

最後に、なりますが、子どもと料理はいいこと尽くし！ と再三申し上げてきましたが、何より大切なのは見守る親の笑顔であると考えています。なので、無理に週に何回一緒に料理をする！ など義務化して、子どもとの料理で大変な思いをしてほしいとは思っていません。私も、1週間以上全くやらない時もあるし、一方で子どもも私もちょっとノっている時は連続で料理したりもします。子ども料理は、親の心に余裕がある時、笑顔になれる時に行うことが成功の秘訣だと思っています。

小さい頃、親と一緒に料理をしたこと。今でも覚えている方も多いのではないでしょうか？ 私の父は7年前に他界しましたが、料理人だった父に習ったレシピや一緒に作った料理の思い出は、色褪せることなくあったかい気持ちとともに心に刻まれています。親子での料理時間は、いつしかかけがえのない大切な思い出に変わると信じています。

多くの方に、子ども料理の素晴らしさ、暖かさを伝えることができたら、それは私にとって何よりも幸せなことです。

デザイン　山原 望
表紙撮影　吾妻仁果
レシピ協力　波多幸恵
著者エージェント　株式会社アップルシード・エージェンシー

賢《かしこ》い子《こ》は料《りょう》理《り》で育《そだ》つ
——リトルシェフクッキング——

2021年12月10日　初版第1刷発行

著　者　武田昌美
発行者　伊藤良則
発行所　株式会社 春陽堂書店
〒104-0061 東京都中央区銀座3-10-9 KEC銀座ビル9F
TEL03-6264-0855（代）

印刷・製本　ラン印刷社

本書へのご感想は、contact@shunyodo.co.jpにお寄せください。

ISBN978-4-394-90410-6　C0077